Wulfing von Rohr

PLUTO

Der Machtplanet

Die Kraft
der Transformation und Magie

Was der »schwierigste« Planet
in Ihrem Horoskop bedeutet

Mit einer ausführlichen Darstellung der »Häuser«
im Horoskop

WILHELM HEYNE VERLAG
MÜNCHEN

HEYNE PLANETENBÜCHER
14/310

Printed in Germany 1994
Umschlaggestaltung: Atelier Adolf Bachmann, Reischach
Umschlagillustration: Christine Wilhelm, München
Satz: Kort Satz GmbH, München
Druck und Bindung: Presse-Druck Augsburg

ISBN 3-453-07089-5

Inhaltsverzeichnis

Pluto – Versuch einer Annäherung an den »schwierigsten« Planeten im Horoskop

Wahre Worte sind nicht schön.
Schöne Worte sind nicht wahr ...
Das Tao, das man zeigen kann,
ist nicht das ewige Tao.
Tao Te King, Vers 81, Textneufassung Deuter/Rohr

Pluto ist meist der »schwierigste« Planet im Horoskop. Schwierig zu deuten, noch schwieriger zu leben. Pluto ist vor allem ein Symbol unergründlicher und manchmal unerbittlicher Mächte. Er steht für die Macht des Todes über die irdische Form und gilt deshalb als Herrscher des Tierkreiszeichens Skorpion. Pluto repräsentiert gleichzeitig die schöpferische Kraft, die in jeder kleinsten Zelle, in jedem Atom verborgen ist – damit symbolisiert er einen Aspekt der Magie unserer Schöpfung. Pluto stellt astrologisch die Macht der Masse dar, des Kollektivs – das den einzelnen, der nicht bewußt lebt und handelt, mitreißen kann, nach oben oder nach unten.
Der Planet Pluto wurde zur gleichen Zeit am Sternenhimmel gefunden, 1930, als die potentiell sowohl segensreichen als auch schreckenerregenden Wirkungen des Elements Plutonium in den ersten Atomforschunglaboratorien entdeckt wurden. Die Erforschung dieses bislang äußersten Planeten am Rande unseres Sonnensystems fällt in eine Epoche, in der die unsichtbaren und unscheinbaren, aber dennoch gewaltigen Energien, die in den Atomkernen schlummern, zum Guten und zum Schlechten entfesselt werden.
Die Atomforschung versucht, durch Kernspaltung enorme, in den Atomkernen verborgene Energien freizusetzen und nutzbar zu machen. Ein Hauptproblem besteht darin, wie man eine einmal in Gang gebrachte Kettenreaktion so beherrscht, daß sie kontrollierbar bleibt und nicht einfach mit ungeheurer Zerstörungskraft »durchbrennt«. Die Energieprozesse auf unserer Sonne sind übrigens, wie man weiß, nicht Kernspaltungsvorgänge, sondern Kernfusionen, also Verschmelzungen von kleinsten »Atombausteinen«; dabei entstehen ebenfalls unglaubliche Energien.
In der aktuellen gesellschaftlichen Diskussion lautet eine Meinung, daß

die Kernspaltung zum Nutzen der Menschen diene und kontrollierbar sei. Die andere Meinung bezweifelt das und geht davon aus, daß Kernspaltung und vor allem ihre Spätfolgen unbeherrschbar seien. Sie befürchtet, daß uns die Anwendung der Kernspaltung in die Rolle des Zauberlehrlings versetzt, der das magische Wort nicht kennt, um den von ihm entfesselten bedrohlichen Kräften Einhalt zu gebieten.
Eine ähnlich geteilte Auffassung besteht auch gegenüber dem astrologischen Pluto. Manche Astrologen sehen in diesem kleinen, weit entfernten Planeten das Symbol von eher negativen oder zumindest riskanten Energien, die für das Kollektiv überwiegend als »schlecht« zu interpretieren seien: sie betrachten Pluto als traditionellen »Übeltäter« wie Mars oder Saturn. Andere Astrologen sind der Ansicht, daß Pluto nur für ganze Generationen gedeutet werden sollte und für Individuen im Regelfall nur sehr geringe Bedeutung habe, weil der einzelne Mensch noch nicht »entwickelt« genug sei, die hohen Plutoenergien wahrzunehmen. Ich persönlich schließe mich weder der einen noch der anderen Meinung an, sondern gehe nach meinen begrenzten Erfahrungen davon aus, daß Pluto vor allem nach seiner Häuserstellung und nach seinen Aspekten im Geburtshoroskop und nach den Transiten zu Sonne, Mond, Merkur, Venus und eventuell Mars sowie zu Aszendent und MC sehr wohl ganz individuell »wirkt« und wahrgenommen wird.
Pluto ist astronomisch betrachtet die »Brücke zum Universum«, denn er ist der äußerste Planet unseres Sonnensystems. Danach fängt wirklich das große Unbekannte an. Bekanntlich überschneiden sich die Bahnen von Neptun und Pluto gelegentlich, so daß bisweilen der Planet Neptun weiter von der Sonne entfernt ist als der Planet Pluto. Das legt astrologisch-esoterisch die Frage nahe, ob zeitweise Neptun die Brücke ins Universum darstellt. Von 1979 bis 1999 ist Neptun diese Brücke über unser Sonnensystem hinaus. Könnte dies das Sinnbild einer Chance für uns sein, in dieser Zeit durch die bewußte Öffnung für Inspiration und höhere Ideale (= Neptun) den notwendigen Quantensprung in der Entwicklung der Menschheit zu vollziehen, ohne daß die plutonischen Mächte ihre gewaltigen und auch zerstörerischen Kräfte freisetzen? Denken wir nur daran, daß trotz schmerzlicher Kämpfe und »kleinerer« Kriege der große Umbruch im ehemaligen kommunistischen Reich in diesen Jahren ohne allzugroßes Blutvergießen und ohne den befürchteten Dritten Weltkrieg vonstatten gegangen ist. Könnte es weiterhin sein, daß – falls wir die Chance zur »sanften Transformation« nicht wahrnehmen, die Neptun (einschließlich der Gefahr der illusionären Träumerei) uns bietet – die vom Pluto symbolisierten Kräfte wieder stärker zur Geltung kommen?

Mir scheint nicht nur die Zeitgleichheit der Entdeckung des Pluto und der Kernspaltung zumindest symbolisch bedeutsam. Auch die politische Entwicklung jener Jahre und Jahrzehnte legt interessante Entsprechungen nahe. Die Spaltung eines »anonymen« Atomkerns setzt zwar bereits erstaunlich viel Energie frei, erst die Kettenreaktion weiterer Spaltungsprozesse in unzähligen anderen, kleinen Atomkernen läßt den gesamten Vorgang jedoch mächtig genug werden, um ein Kernkraftwerk zu betreiben und Hunderttausenden Strom zu liefern oder um eine Atombombe zu zünden, die ebenfalls Hunderttausenden den Tod bringt. Erst die »Gleichschaltung« vieler Hunderttausender und Millionen anonymer »kleiner« Menschen (kennen die jüngeren Leser diesen Begriff noch? Falls nicht: durch eine Kombination von psychologisch geschickt gewählten Propagandaparolen, verdeckte und offene Bedrohung für Leib und Leben bei Nonkonformismus und Verheißung eines Mindestmaßes an materieller Sicherheit wurde der Geist von Millionen Menschen so »gespalten« bzw. beeinflußt, daß angepaßte Verhaltensweisen nach dem Willen diktatorischer Führer zur teils freiwilligen, teils erzwungenen Wirklichkeit wurden), erst die Gleichschaltung also im deutschen Nationalsozialismus und im russischen Kommunismus verschaffte diesen Systemen die Macht der Beherrschung, Unterdrückung, Ausbeutung, Liquidierung und so fort, durch die sie zu Weltmächten wurden. Die Macht des Kollektivs, wenn es richtig »gezündet« und gesteuert, erhob zum ersten Male deutlich sein Haupt. Und diese Macht der Masse können wir, weniger dramatisch, auch in zwei weiteren gesellschaftlichen Entwicklungen ablesen. Die Vertretung der »kleinen Leute« durch Gewerkschaften wurde in den Industrieländern weltweit ein wichtiger gesellschaftspolitischer Machtfaktor. Der einzelne Mensch tritt dabei zwar nicht aus seiner Anonymität heraus, aber seine Kraft, gebündelt mit den Kräften von Millionen anderer, wird zu einer höchst wirksamen Energie.

Dahinter steht ein weiteres Phänomen: das der Industrialisierung des Lebens. Unser Tagesablauf, die Arbeit, die wir zum Broterwerb und/oder aus Freude am schöpferischen Tun verrichten, unsere Umgebung mit Häusern, Wohnungen, Straßen, die Werte und Ideale in unserem Leben, aus denen sich unsere Wünsche und Bestrebungen ableiten, einfach fast unser ganzes Leben ist inzwischen nach den Vorgaben der industriellen Massenproduktion und des weltweiten Massenkonsums durchorganisiert.

Damit spielen die Wirtschaftsinteressen weltweit tätiger Industrieunternehmen, die angestrebte »Durchrationalisierung« unseres Schulwesens, ein hektischer Lebensrhythmus, die Technisierung der Arbeit, die

Entfremdung von persönlich gestalteter Arbeit, die Wegwerf-»Kultur« einerseits und die zunehmende Verarmung aufgrund der Bevölkerungsexplosion andererseits eine wesentlichere Rolle als menschenwürdige Lebensformen.
Das führte und führt weiter zum Verlust von humanitären, geistigen und religiösen Werten, zur zunehmenden vermeintlichen oder tatsächlichen Sinnlosigkeit des Lebens, zu Fluchtversuchen in Drogen, Alkohol, »Fremden«-Haß oder blanken Materialismus.
Hier ist der Pluto nach meiner Auffassung Bote einer höchst problematischen Entwicklung, die wir schleunigst wieder in eine vernünftige Bahn lenken müssen, um nicht vollends von ihr verschlungen zu werden. Nicht umsonst steht hinter Pluto auch Hades, der Gott des Totenreichs und der Unterwelt.
Pluto ist Macht durch Energieballung, Verwandlung durch Auflösung, Versuchung durch Magie – Pluto ist eines der Symbole des ewigen Stirb und Werde, das wir nur dann überwinden können, wenn wir uns aus dem Kreislauf lösen, wenn wir unser Horoskop überwinden. (Siehe dazu auch die Hinweise auf die »Innere Astrologie« im letzten Abschnitt.) Pluto ist der Weg zwischen Scylla und Charybdis, den nur ein Odysseus unbeschadet gehen kann. Zum modernen Odysseus sollen und können wir alle werden, wenn wir Ziel und Maß, Mut und Kraft, Sinn und Werte, Einsatz und Seelenführung miteinander verbinden. Dann können wir einen unabhängigen Weg der spirituellen Selbsterfahrung zwischen den Verlockungen des Materialismus und den Zwängen des materiellen Lebensunterhalts finden, zwischen der Reizüberflutung durch die bunten Bilderwelten der Unterhaltungsindustrie und den sinnentleerten gesellschaftspolitischen Auseinandersetzungen um Pfründe und vermeintlichen Ruhm.

Pluto in Mythologie, Wissenschaft und Astrologie

*Pluto in der Mythologie**

Pluto ist ein Beiname von Hades; der griechische Wortstamm weist auf Reichtum hin. Ein »Plutokrat« ist ein Mensch, der durch seinen Reichtum politische Macht ausübt, eine »Plutokratie« ist eine Herrschaft des Geldes, eine Staatsform also, in der Besitz politische Macht garantiert. Damit sind zwei wichtige Aspekte des astrologischen Symbols Pluto angesprochen, von denen einer vielleicht überrascht: Macht und Geld. Auf die Deutung des Pluto als Geldfaktor gehe ich später noch ein.

Worin die Motivation für Astronomen bestand, dem neuentdeckten Planeten den Namen Pluto zu geben, den lateinischen Namen eines römisch-griechischen Gottes, der als Gott der Unterwelt gilt, ist heute nicht mehr nachzuvollziehen. Sein griechischer Hauptname lautet Hades.

Hades bedeutet wörtlich das bzw. der Unsichtbare oder Ungesehene. Der Begriff Hades gilt sowohl für die Unterwelt als Ort als auch für dessen Herrscher. Der Gott Hades verfügte über einen Helm, der ihm Unsichtbarkeit verlieh.

Hades-Pluto war neben Zeus-Jupiter und Poseidon-Neptun einer der drei Söhne des Chronos-Saturn, der dem Schicksal entkam, von diesem »Gott der Zeit« – der ein »Goldenes Zeitalter« regierte – verschlungen zu werden. Bei der Aufteilung der Welt nach der Überwindung des Chronos wurde Hades die Unterwelt zugeteilt. Außer in Elea gab es keinen öffentlichen Kult des Hades, im Unterschied zu anderen wichtigen Göttern, die zahlreiche Kultstätten hatten. Der Raub der Persephone, Tochter des Zeus und der Demeter, durch Hades, während die schöne Göttertochter Blumen in den Feldern von Enna auf Sizilien sammelte, ist der wichtigste Mythos, der sich um den Gott Pluto-Hades rankt. Mutter Demeter ließ nach Persephone suchen, Vater Zeus schickte den Götterboten Hermes in die Unterwelt. Dieser mußte feststellen, daß Persephone einige Granatapfelsamen gegessen hatte. Für jeden Kern mußte sie einen Monat in der Unterwelt verbingen, also nach einiger Zeit auf

---

* Unter anderen verwandte Quellen: »Greek Mythology – An Encyclopedia of Myth and Legend«, Richard Stoneman, Aquarian Press, London 1991; »Encyclopedia of Death«, R. u. B. Kastenbaum, Avon Books, New York 1993.

der Erde wieder in die Tiefen darunter zurückkehren. Deshalb verband man ihre Anwesenheit oben mit den fruchtbaren Wachstumsmonaten, ihre Abwesenheit jedoch mit dem kargen Winter.
Die mythische Darstellung des Pluto-Hades zeichnet diesen als erbarmungslos, streng und rigoros sowie besitzergreifend und manipulativ. Er veranlaßte Persephone durch einen Trick, die Granatapfelkerne zu essen. Allerdings war Pluto-Hades nie eine Entsprechung zum Satan oder »Teufel« der jüdisch-christlich-islamischen Religionswelt, der von sich aus die Menschen versuchte und quälte und sich gegen die Herrschaft Gottes auflehnte. Vielmehr war Pluto-Hades der Wächter des Totenreiches und handelte »gerecht«. Vielleicht ist ein Vergleich zur Dreieinigkeit der hinduistischen Götterwelt am ehesten angemessen. Dort gibt es Brahma, den Schöpfergott, Vishnu, den Erhaltergott, und Shiva, den Zerstörer- oder Auflösergott. Gerade Shiva vollzieht »Karma« nach dem ehernen Gesetz von Ursache und Wirkung. Auch Pluto-Hades ist in diesem Sinne gerecht: er führt einfach die ihm im Rahmen des Ganzen zugewiesenen Aufgaben aus.

*Pluto in der Wissenschaft**

Aus der Wissenschaftsliteratur geht nicht unumstritten hervor, wer den Planeten Pluto als erster entdeckt hat. War es der Astronom Percival Lowell, der an seinem Privatobservatorium in Flagstaff in Arizona die Suche nach einem weiteren Planeten begann, aufgrund seiner mathematischen Berechnungen, daß es einen solchen geben müsse. Laurel Lowell, seine Tochter, schreibt, daß Pluto am 21. Januar 1930 entdeckt worden sei. Astronomische Handbücher dagegen verzeichnen, daß ein junger Assistent am Lowell-Privatobservatorium, Clyde W. Tombaugh, dort, sicherlich angespornt durch die Berechnungen Lowells, am 18. Februar 1930 Pluto nachweislich als erster gesehen habe.
Pluto ist mit einem Durchmesser von geschätzt 2400 bis 3800 Kilometer ein kleiner Planet, etwa halb so groß wie die Erde. Vermutlich besitzt er einen Kern aus Fels und Silikaten und eine dünne Methan-Atmosphäre. Er wird von einem Satelliten umkreist, der 1978 entdeckt und Charon genannt wurde. Dieser Satellit ist vermutlich ein Drittel so groß wie Pluto.
Pluto befindet sich auf seiner Umlaufbahn im Mittel rund 5,9 Milliar-

---

* Unter anderem verwandte Quelle für astronomische Angaben: »Columbia Encyclopedia«, Columbia University Press, 1989/91.

den Kilometer von der Sonne entfernt. Die Ebene seiner Umlaufbahn ist stark exzentrisch gegenüber den Ellipsenbahnen der anderen Planeten um die Sonne. Das führt dazu, daß die Plutobahn zeitweise näher innerhalb der Neptunbahn liegt und Pluto in dieser Zeit näher an der Sonne ist als Neptun. Das ist zwischen 1979 und 1999 der Fall.
Pluto braucht 248,4 Jahre für einen Umlauf um die die Sonne. Das heißt, daß er rund zwanzig Jahre in jedem der zwölf astrologischen Tierkreiszeichen verweilt.

Pluto in der Astrologie

Es gibt mehrere Plutosymbole. Man findet zum Beispiel ein P, aus dem ein L herauswächst – dieses Zeichen entstand, weil es sowohl die beiden Anfangsbuchstaben des Planeten als auch die Initialen des Entdeckers Percival Lowell bezeichnet. Der deutsche Astrologe Bernd A. Mertz schreibt dazu: »Am archetypischsten scheint mir das Zeichen, das aus zwei Halbkreisen besteht, einem größeren und einem kleineren, wobei der kleinere den größeren von oben oval abschließt, dabei aber gleichzeitig in dem größeren Zeichen einliegt. Hier wird also deutlich das von oben Empfangene abgedeckt und das nach unten Suchende abgefangen. Es wird etwas verschlossen. Was? Zwei Halbkreise sagen es: Das Wachsen kann – bewahrt und konzentriert – ungeahnte Kraft geben, die allerdings bei passender Gelegenheit explodieren könnte. ... Pluto symbolisiert zusammengeballte Machtdurchsetzung und Masse.« (Seite 37, »Das Horoskop – Seine Deutung und Bedeutung«, Bernd A. Mertz, Ebertin Verlag, Freiburg/Brsg.)
Arthur Schult macht darauf aufmerksam, daß das Zeichen für Pluto einer ägyptischen Urglyphe gleiche, die mehrfach im ägyptischen Totenbuch vorkomme. Er schreibt weiter: »Diese Urglyphe stellt die Sonne in der Mondenschale dar. In diesem Symbol fährt gleichsam Osiris, die Sonne der Toten, auf der Mondenbarke über die Wasser der Geistwelt. ... Pluto stellt die Oktave zu Mars dar. Wenn Mars der Planet der Energie und irdischen Willenskraft ist, so ist der Pluto kosmisch-magische Willenskraft. Wie Uranus der Planet der Initiation, Neptun der Planet der Mystik, so ist Pluto der Planet der Magie. ... Auf der geistigen Ebene führt Pluto zur Vereinigung von Mond und Sonne, von niederem und höherem Ich, in magisch-göttlicher Kraft- und Willensbezeugung. Der geistige Aspekt des Pluto als erhöhter, sublimierter, skorpionischer Mars ist höchst potenzierte, schöpferische Willenskraft, wie sie der Magier, Yogin, der Adept besitzt.« (Seite 175f,

»Astrosophie«, Band 1, Arthur Schult, 4. Auflage, Turm Verlag, Bietigheim 1986.)
Die Psychologin und Astrologin Liz Greene gibt in ihrem Buch »Die Astrologie des Schicksals« (Astrology of Fate) im Kapitel »Schicksal und Pluto« unter anderem folgende, nachdenkenswerte Gedankenanstöße: »Wir Astrologen verwenden auch Euphemismen (Beschönigungen), ... [wie] ›Transformation‹ ... Das ist aber unglücklicherweise die Art von Begriff, die wir wir benutzen, wenn die Bedeutung eines Planeten vage oder rein intellektuell ist, oder wenn die [künftige] Erfahrung, welche im Horoskop ihre Schatten vorauswirft, für den Klienten Krisis und Leiden verheißt. ... Mit Pluto zu arbeiten ist besonders schwierig, es sei denn, daß man einiges Vertrauen in das Schicksal hegt ... Ich habe niemals irgend etwas Aufmunterndes oder Lustiges bei den Transiten und Progressionen von Pluto gefunden, gleich, wie psychologisch wissend der Klient ist. ... Oft findet eine große Freisetzung von Energie statt, welche die Bewegungen des Pluto begleitet: Dinge, die lange schlummerten oder früh im Leben starben, werden wiederbelebt und brechen hervor.« (Seite 36f, »Astrology of Fate«, Liz Greene, Weiser Verlag, York Beach, Maine, USA, 1984)
Welche Begriffe und Entsprechungen gehören nun also zu diesem vielschichtigen und schwierigen Planeten? Ich stelle Ihnen erst einmal eine Reihe von Deutungsmöglichkeiten vor, bevor wir zu möglichen Interpretationen des Pluto nach seiner Häuserstellung, seiner Zeichenposition und seinen Aspekten zu anderen Planeten kommen.

Typische Plutoqualitäten

Machtvoll, extrem, regenerationsfähig, elektromagnetisch, energisch; Neuformulierung von Werten und Idealen, Wiedergeburt, (notfalls gewaltsame) Erneuerung; Katastrophen, Untergrundaktivitäten, Eruptionen, Revolution; Prozesse, in denen Anfang und Ende verkörpert ist, Offenbarungen, Aufdeckung, Elimination, Tiefenarbeit bzw. Tiefenwirkungen, Wiedervereinigung; Kräfte des Unterbewußtseins und des Unbewußten, Magie, Überwindung des Körperbewußtseins (?), Transformation, Metamorphose, Erleuchtung, überpersönliche Bewußtseinskräfte – also solche, die sich dem Einfluß des kleinen Ego entziehen.
Manchmal rechnen Astrologen die Begriffe »Schuld« und »Angst« zu diesem Planeten. Daraus entsteht dann leicht ein Fatalismus und eine rundherum negative Einschätzung in der vermeintlich tiefschürfenden psychologischen Plutodeutung. Ich schließe mich solchen Interpretationen nicht an.

Pluto gilt übrigens als die höhere Oktave von Mars, so wie Uranus die Oktave von Merkur und Neptun jene von Venus darstellt.

Plutonische Berufe

Menschen, die eine irgendwie magische Massenwirkung besitzen, wie Politiker, Filmstars, Fernsehpriester, anarchistische Aufwiegler; weiter Menschen, die besonders revolutionäre und/oder gefährliche Berufe ausüben, wie Raumfahrer, Tiefseetaucher, Entdecker; selbstverständlich Atomforscher und -techniker und andere Menschen, die mit radioaktivem Material umgehen; Heiler, die hypnotisieren oder mit anderen »unsichtbaren« und suggestiven Methoden arbeiten; nach Vehlow ebenso Höhlenforscher, Archäologen, Paläontologen, Ingenieure, die an der Überwindung der Schwerkraft arbeiten; aber auch Magier und sogar Weltlehrer.

Plutonische Orte

Atomkraftwerke, Kernwaffenarsenale, Uranminen, Höhlen generell, unteriridsche Gewässer, Geysire, Krater, Vulkane, Pyramiden, (verschüttete) Gräber, Katakomben, Labyrinthe, versunkene Erdteile (Atlantis?), bislang unerforschte Landstriche.

Plutoentsprechungen zu Steinen, Metallen und Farben

Versteinerungen, vielleicht Blutstein; Stahl nach Bernd A. Mertz, nach Johannes Vehlow auch tief im Erdinnern lagernde Metalle, an die man bislang nicht herankam; Ultraviolett und nach Vehlow andere, unsichtbare Farben (demnach auch Infrarot?).

Pluto und Gesundheit

Manche Astrologen meinen, daß Pluto der Zirbeldrüse bzw. Epiphyse entspricht. Johannes Vehlow schreibt Pluto Einfluß auf die Chakras zu, auf die feinstofflichen Kraftzentren des Menschen. Ernst-Günther Paris spricht wie Reinhold Ebertin von der Entsprechung zu den physischen Regenerationskräften. Ebertin erwähnt darüber hinaus noch chronische Krankheiten und Kollektivbewußtsein (falls es das überhaupt gibt). Da sich fast alle Astrologen einig sind, daß Pluto das Zeichen Skorpion beherrscht, können wir auch von einer Entsprechung dieses Planeten zu den Sexualorganen ausgehen.

Pluto: Charakter und Schicksal

Glaube und Arbeit an und mit höheren Fügungen und unsichtbaren Mächten sind typisch plutonische Züge, ohne Kompromißbereitschaft wird »total« auf das Ziel zugegangen, mit Sinn für den ganz großen Wurf und gleichzeitig Aufmerksamkeit fürs Detail. Vehlow spricht davon, daß ein Plutoniker »Heiliger und Teufel in einer Person sein« könne und nennt als Beispiel den russischen Mönch und Zarenberater Rasputin.

Furchtlos, mitreißend und schöpferisch, erfüllt von wirklich erhebenden und weitgreifenden Ideen und Idealen – das ist eine Seite des positiv und bewußt lebenden »Plutonikers«, also eines Menschen, in dessen Horoskop der Pluto eine herausragende Rolle spielt. Ein solcher Mensch wird sich immer wieder selbst überwinden, Gemüt und Trieb beherrschen, höchsten Einsatz zeigen und sich scheinbar mühelos auch nach größten Anstrengungen regenerieren. Sonne-Pluto-Aspekte wie Sextil, Trigon und eventuell auch Konjunktion sind Hinweise (nicht »Beweise«) auf diese Fähigkeiten. Die Neugestaltung von Lebenssphären, die durchgreifende Verbesserung von Lebensumständen, auch vor allem für andere Menschen, sind diesem Typus ein Herzensanliegen. Er hat einen »sechsten Sinn« für Dinge, die mit Wünschen und Bedürfnissen größerer Gruppen, Kollektive und Menschenmassen zu tun haben. Machtwille, rücksichtslose Offenheit, Einfühlung in Massenbewußtsein, skrupellose Gewaltmaßnahmen gegenüber Menschenmassen, fanatischer Bekenntniseifer, Hang zur »unterirdischen« und »überirdischen« Manipulation – auch das sind eher zwiespältige Seiten des deutlich ausgeprägten Plutotyps.

Zu den eindeutig negativen Aspekten des Plutocharakters gehören Züge wie Jähzorn, Eifersucht, tyrannisches Verhalten, unersättliche Forderungen, Haß, dogamtischer Fanatismus und so fort.

Ein stark gestellter Pluto kann auch auf Täter-Opfer-Syndrome deuten, also auf Verkettungen mit anderen Menschen, in denen der eine als Täter agiert und der andere das Opfer ist. Dabei muß auch ein starker und gut aspektierter Pluto im Horoskop keineswegs den »Täter« kennzeichnen, sondern kann – bei entsprechender Mentalität – eine Opferhaltung des Horoskopinhabers signalisieren.

Ernst-Günter Paris schreibt ganz neutral: »Seine [Plutos] Wirkungen sind weitgreifend. Sie haben manchmal gigantische Ausmaße. An bedeutsamer Stelle im Horoskop verursacht er tiefgreifenden Schicksalswandel und zeitigt Ergebnisse ganz ungewöhnlicher Art.« (Seite 158, »Der Schlüssel zum Horoskop«, Ernst-Günter Paris, Urania Verlag, CH-Neuhausen.)

Pluto und Geld

Der Planet Pluto ist, wie oben erwähnt, nicht nur die zwiespältige Ge-

stalt des Herrschers der Unterwelt, er stellt nicht nur die symbolische Brücke hinaus in den Kosmos außerhalb unseres Sonnensystems dar, er ist nicht nur die Macht der Masse, Pluto hat, was vielfach übersehen wird, auch etwas mit Geld und Masse zu tun. Die schon genannten Begriffe »plutokratisch« und »Plutokratie« weisen darauf hin.
Folgende Häuserpositionen dieses Planeten aktivieren den Geldaspekt des Pluto: Pluto im 1. Haus (Durchsetzungskraft), im 2. Haus (Erwerbstrieb), im 4. Haus (Grundbesitz), im 5. Haus (spekulative Geschäfte), im 8. Haus (Erbschaften), im 10. Haus (Karriere und Anerkennung) und im 12. Haus (Unabhängigkeit von Geld). Als günstig sind diese Hauspositionen für den Pluto dann anzusehen, wenn Trigone und/oder Sextile vor allem zu Merkur, dann zu Sonne und Venus, unter Umständen auch zum Jupiter bestehen. Konjunktionen zu diesen Planeten sind ambivalent, können also sowohl günstig wie ungünstig wirken. Quadrate und Oppositionen sowie Halbquadrate sind im Regelfall eher problematisch. Ein stark gestellter Pluto muß die Herausforderung bewältigen, seine Kräfte gezielt und beherrscht zu nutzen, mit Rücksichtnahme auf die Bedürfnisse und Reaktionen anderer Menschen und kontrolliert hinsichtlich seines Energieeinsatzes. Ungünstig für Geldangelegenheiten wirkt die Kraft dieses astrologischen Symbols dann, wenn der Horoskopinhaber seinen Pluto unbewußt lebt, sich also explosiven Ausbrüchen hingibt, sich von Kollektivzwängen oder Moden leiten läßt, und so fort.
Der oben zitierte Astrologe Paris meint zu diesem Thema: »Bei guter Stellung kann er unerwarteten Reichtum bringen. Er erweist sich als wahrer Planet der Plutokratie. Schlecht gestellt im Horoskop kann er den vollständigen Ruin bewirken.«
Mehr zu Pluto in Häusern und in Aspekten zu anderen Planeten finden Sie in den entsprechenden Kapiteln weiter hinten.

Pluto und Magie

Warum spricht man im Zusammenhang mit Pluto auch von Magie? Weil Pluto astrologisch-symbolisch betrachtet über einen Zugang zu verborgenen Dimensionen, zu geheimen Wünschen, zu versteckten Gedanken, zu noch nicht offenbarten Zielen, zu verdrängten Motivationen, zu innersten Kräften verfügt. Seine Zuordnung zum Tierkreiszeichen Skorpion legt dasselbe Thema nahe. Bekanntlich wird dieses Zeichen sowohl vom gefährlichen Skorpion dargestellt, der am Boden herumkraucht, als auch vom inspirierenden Vogel Phönix, der sich aus der Asche des Todes seiner Skorpionnatur in die Höhen des idealen Geistes aufzuschwingen imstande ist. Diese Metamorphose, diese

Transmutation vom Skorpion zum Phönix, ist selbstverständlich ein höchst magischer Vorgang. Scheinbar aus dem Nichts der Asche entsteht Neues.
Auch auf der Ebene des Bezugs zur Regenerationskraft und in den Entsprechungen zur Sexualkraft – und damit zur Zeugungs- und Schöpfungskraft – drücken sich magische Prozesse aus. Das Wunder der Schöpfung läßt sich gar nicht rational beschreiben oder nachvollziehen. Es ist und bleibt ein Mysterium, an dem wir im Zeugungsakt als Instrument oder Werkzeug der großen einen Kraft teilhaben dürfen. Als höhere Oktave des Mars hat auch der Planet Pluto mit Sexualität und Libido zu tun, vor allem mit einer machtvoll gelebten Erotik oder mit ihrem Gegenteil, einer prüde-dogamtischen Verdrängung oder Unterdrückung von Sexualität. Beiden Einstellungen liegt die Erfahrung zugrunde, daß die Verbindung von Trieb und Macht Energien einer bald verführerischen, bald zwanghaften und immer irgendwie womöglich unkontrollierbaren Magie freisetzt.
Ebenso stellt die Beeinflussung von großen Menschenmengen eine Art Magie dar. Einzelne charismatische Personen fühlen sich in das Wünschen und Wollen einer größeren Gruppe oder gar der Mehrheit eines Volkes ein und verleihen den un- und unterbewußten Impulsen, die in ihnen gären, Stimme und Gehör. Wir erleben diese Magie bei manchen Politikern, aber auch bei religiösen Führern.
Schließlich sind die Entdeckung der ungeheuren Energien, die in den allerkleinsten Bausteinen dieser Welt verborgen sind, und die »Handhabung« dieser Kräfte ebenfalls Magie – wenn auch naturwissenschaftlich organisierte Magie.
Mit dem Aufflammen des sogenannten New Age hat zu schlechter Letzt auch die okkulte Magie als ein Ausdruck plutonischer Kräfte eine unselige Wiederbelebung erfahren. »Unselig« nach meiner Meinung deshalb, weil die wenigsten Menschen, die damit hantieren, bereits bewußtseinsmäßig in der Lage wären und/oder sich ethisch so rein entwickelt hätten, um übersinnliche Kräfte nicht zu mißbrauchen – aus Unkenntnis, aus Schwärmerei oder aus schwarzmagischen Absichten.
Ob der Pluto in einem Horoskop auch auf solche Gefahren deutet oder nicht, hängt ganz von den individuellen Konstellationen ab.

Wie kann man mit Pluto positiv umgehen?

Die Plutoposition in Zeichen und Haus sowie seine Aspekte zu anderen Planeten kennzeichnen Chancen und Gefahren, denen wir uns immer dann gegenübersehen, wenn wir uns auf einem Scheideweg oder an einem Wendepunkt in unserem Leben befinden. Mehr als alles andere bestimmt die Entwicklung unseres Bewußtseins, unsere Bewußtheit darüber, daß wir Geist und Seele sind und einen Körper nur zeitweise haben, wie wir mit den von Pluto symbolisierten Einflüssen sinnvoll umgehen. »Schwierige« Plutoaspekte und -transite konfrontieren uns meist mit unseren eigenen, persönlichen Unzulänglichkeiten, mit festgefahrenen Verhaltensmustern, mit Problemen der Anpassung an Massentrends oder der Herausforderung, Mut zum Nonkonformismus zu zeigen. Oft sind es regelrechte »Stirb-und-Werde«-Vorgänge, die sich wie ein »kleiner Tod« anfühlen. Wie können wir mit solchen Energien »positiv« umgehen? Indem wir erkennen und in der täglichen Lebensführung verwirklichen, daß wir Körper und Gefühle und Gedanken zwar HABEN, wir uns aber nicht auf ewig mit ihnen identifizieren müssen. Wir SIND Geist, Bewußtsein, Seele, göttlicher Funke ... wie immer Sie wollen. Solche Erkenntnisse erwachsen aus Liebe, Opfer und Meditation – um einen Buchtitel von Bernd A. Mertz zu variieren, der »Liebe–Opfer–Magie« heißt (ein sehr empfehlenswertes Buch über esoterische Astrologie, erschienen in der Edition Astrodata).

Eine spirituelle Bewußtseinshaltung ist meiner Erfahrung nach die beste Hilfe, um nicht nur mit Plutokräften, sondern mit allen Anforderungen des Lebens kreativ, konstruktiv, gelassen und heiter umgehen zu können. Dazu gehört die Einsicht in das Gesetz von Ursache und Wirkung, das sogenannte karmische Gesetz. Karma ist keineswegs ein »indischer« oder »östlicher« Begriff. Wir finden die Einsicht in Zusammenhänge zwischen Ursache und Wirkung sowohl in unseren modernen »westlichen« Naturwissenschaften als auch in der jüdisch-christlichen Bibel. Dort heißt es bekanntlich, »Auge und Auge, Zahn um Zahn«, »... der da heimsuchet der Väter Missetaten bis ins dritte und vierte Glied« und »Was du säest, wirst du ernten«. Wir werden jedoch auch ermutigt, ebenfalls nach dem Gesetz von Ursache und Wirkung: »Wer bittet, dem wird gegeben, wer suchet, der findet, wer anklopfet, dem wird aufgetan!«

Wie also kann man mit Pluto positiv umgehen? Indem wir uns auf seine Einladung (oder seinen »Zwang«) einlassen, über unseren irdischen Gesichts- und Lebenskreis hinauszublicken in eine jenseitige Wahrheit des geistigen Lichts und Lebens. Pluto ist nun einmal der bislang »letzte« Planet unseres Sonnensystems und besitzt damit eine Brückenfunktion. Angst vor dem Unbekannten »dort draußen« bzw. »dort drinnen«, auf höheren Bewußtseinsebenen, wird uns nicht helfen. Wir müssen uns unserer Zeitlichkeit, Begrenztheit und physischen Sterblichkeit stellen. Ein Bibelautor wußte von der Notwendigkeit einer zweiten, einer geistigen Geburt, nachdem die erste Geburt aus dem Fleische bereits bei unserem körperlichen Eintritt in dieses Erdenleben erfolgt ist. Pluto steht für die zweite Geburt, die spirituelle Wiedergeburt. Dies bedeutet die Überwindung des Dunkels, sie ist unser Aufbruch ins Licht.

Wir können den Gefahren der unbewußten und unwillentlichen Verkettung mit den magischen Seiten des Pluto aus dem Wege gehen, wenn wir unser »Ego opfern«, auf die Ausübung »übersinnlicher Kräfte« verzichten und Gott in unser persönliches Leben bitten!

Pluto im Horoskop ist einerseits Symbol für einen ungehobenen Schatz, der in den Tiefen unseres wahren Seins ruht, und andererseits für ein Potential, das in falschen Händen Unheil anrichten könnte. Dieser Schatz vermag in uns ungeahnte Kräfte zu mobilisieren, die uns weit über die Begrenzungen der irdischen Form hinaustragen. Mehr dazu im Schlußkapitel über die Innere Astrologie.

Was »steht« in einem Horoskop?

Für die Leser und Leserinnen, die sich noch nicht mit Astrologie beschäftigt haben, möchte ich eine Einführung in das astrologische Denken geben. Fortgeschrittene können die folgenden Seiten ohne weiteres überschlagen.

Die meisten Horoskopdarstellungen sind heutzutage rund. Eine Ausnahme stellen Horoskope nach der indischen Manier dar, die als Quadrat gezeichnet werden. Im Mittelalter wurden auch bei uns Horoskope quadratisch abgebildet.

In diesem Rund finden Sie fünf Arten von Eintragungen:

1. Zwölf Zeichen des symbolischen Tierkreises von Widder bis Fische. Sie sind das Meßband von 12 x 30 Grad = 360 Grad, in dem man Planeten, Häuser und rechnerische Punkte einträgt und abliest.
2. Zehn Planeten symbolisieren Kräfte, welche in der oder auf die Person wirken.
3. Zwölf Häuser, welche die Lebensbereiche angeben, in denen sich die symbolischen Planetenkräfte bemerkbar machen.
4. Einige Achsen als Grundstruktur (und einige rechnerische Punkte) als zusätzliche wichtige Deutungshilfen.
5. Aspekte, das heißt spezielle Winkelbeziehungen zwischen Planeten, Achsen und rechnerischen Punkten.

Jeder Planet und jeder rechnerische Punkt steht also sowohl in einem Zeichen als in einem Haus. Wahrscheinlich ist er darüber hinaus mit einem oder mehreren anderen Planeten durch eine besondere Winkelbeziehung, also durch einen Aspekt, verbunden.

Ein Horoskop gibt nach Ansicht von Astrologen Aufschlüsse über den Charakter des Horoskopinhabers sowie über Anlagen und Talente. Darüber hinaus lassen sich die »karmischen« Grundlagen dieses Lebens und die generellen Entwicklungsmöglichkeiten aufspüren. Weiter eignet sich die astrologische Betrachtung dazu, Zyklen und Zeitabschnitte im Lebensgang eines Menschen zu erkennen. Anhand des Horoskops kann man sowohl zu Aussagen über mögliche äußerliche Ereignisse gelangen als auch über psychologische Muster und über die geistige Ausrichtung des betreffenden Menschen. Damit dient das Horoskop als »Anzeigeinstrument« für Charakter und Schicksal, für

R. W.
22. 1. 1944
6.00
Br 52°
Lg 4°

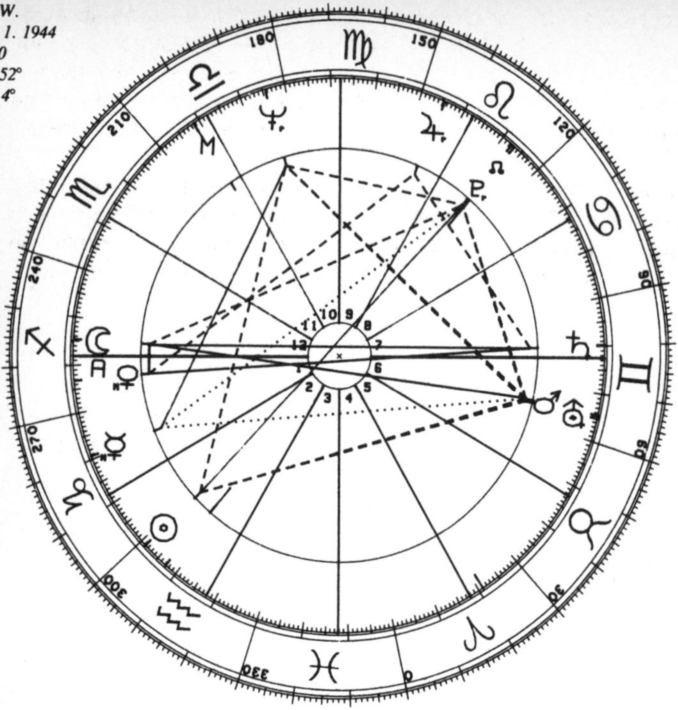

Ein typisches Horoskopbild als Computerausdruck mit den zwölf Zeichen, Sonne, Mond und Planeten sowie Aspekten. Die zwölf Häuser sind im Innenkreis als »Tortenstücke« gezeichnet.

Persönlichkeit und Seelenleben eines Menschen – mit zwei wichtigen Einschränkungen. Das Horoskop »macht« nichts, Planeten und Sterne »machen« nichts, sondern zeigen im Rahmen von Analogiegesetzen nur etwas an – so, wie eine Uhr die Zeit nicht schafft, sondern nur anzeigt. Und ein Zweites: die schöpferische Freiheit der Kraft, die alles geschaffen hat und aus der auch wir leben, ist natürlich immer größer als ein Teilgesetz, das wir vielleicht gerade beginnen zu erkennen. Der Geist ist größer als das Horoskop.

Daß diese geistige Disziplin der Astrologie, die zwischen Wissenschaft und Kunst angesiedelt werden kann und als eine der ältesten menschlichen Forschungsgebiete gilt, genauso umstritten ist wie andere Wissensgebiete, tut ihrem Wert und ihrer (manchmal nur heimlichen) Anerkennung keinen Abbruch. Ebenso selbstverständlich ist, daß wir auch hier – genausowenig wie in der Psychologie, Soziologie und selbst in der Physik und anderen »harten« Wissenschaften – nichts blindgläubig übernehmen sollten, was sich nicht für uns bewährt.

In den Heyne Planetenbüchern über Merkur, Venus, Mars, Jupiter, Saturn und die Mondknoten bin ich auf weitere wichtige Grundlagen der Astrologie und auf Erklärungen, warum Astrologie »funktioniert«, näher eingegangen. Das können Sie bei Interesse dort nachlesen.

Was sind Planeten?

Sonne und Mond sind natürlich keine Planeten, sondern streng genommen »Lichter«. Der sprachlichen Vereinfachung halber nennt man sie in der Astrologie aber auch unter den »Planeten«.

Persönliche, soziale und kollektive Planeten

Die vier Gestirne innerhalb des Erdumlaufs um die Sonne werden oft als die »inneren« oder »persönlichen« Planeten bezeichnet, die eine ganz individuelle Bedeutung für den Horoskopinhaber besitzen. Das sind Sonne, Mond, Merkur und Venus. Sie sind die Gestirne unseres Sonnensystems, die sich am schnellsten auf ihren Umlaufbahnen bewegen. Natürlich kreist die Erde um die Sonne und nicht umgekehrt; doch scheint die Sonne von der Erde aus gesehen im Verlauf eines Jahres durch den 360-Grad-Meßkreis der Sternzeichen zu wandern. Der Mond läuft innerhalb von knapp einem Monat einmal um die Erde und damit durch alle Sternzeichen, die Umlaufzeiten von Merkur und Venus betragen 88 bzw. rund 225 Tage.

Die zur Erde noch relativ nahen Gestirne außerhalb des Erdumlaufs um die Sonne beschreibt man auch als »soziale« Planeten. Sie symbolisieren den sozialen Umgang des Menschen in seiner Umwelt. Das sind Mars, Jupiter und Saturn. Die Umlaufzeiten betragen beim Mars knapp zwei Jahre, beim Jupiter rund zwölf Jahre und beim Saturn etwas mehr als 29 Jahre.

Die weiter entfernten Planeten, die übrigens in der Neuzeit alle relativ spät (wieder-?)entdeckt wurden, nennt man »kollektive« oder »überpersönliche« Planeten. Sie symbolisieren für den Menschen unbewußte oder spirituelle Einflüsse. Das sind Uranus, Neptun und Pluto. Ihre Umlaufzeiten sind 84 Jahre beim Uranus, fast 165 Jahre beim Neptun und etwa 249 Jahre beim Pluto.

Je langsamer sich ein Planet auf seiner Umlaufbahn um die Sonne bewegt, desto langsamer erscheint auch von der Erde aus sein Lauf durch die Sternzeichen. Je länger ein Planet in einem Sternzeichen bleibt, desto mehr Menschen haben die gleiche oder ähnliche Planetenstellung im Horoskop. Pluto zum Beispiel bleibt rund 20 Jahre im selben Zeichen.

Die sogenannte Rückläufigkeit von Planeten ergibt sich nur von der Erde aus gesehen. Da der jeweils rückläufige Planet in seinem Umlauf um die Sonne zeitweise langsamer vorankommt als die Erde, scheint er rückläufig. Rückläufigkeit gilt Astrologen, kurz gesagt, entweder als eine Hemmung der betreffenden symbolischen Planetenkraft oder als deren Verinnerlichung.

Planetenfunktion im Verhältnis zu Zeichen, Häusern und Aspekten

Die zehn Planeten Sonne, Mond, Merkur, Venus, Mars, Jupiter, Saturn, Uranus, Neptun und Pluto, die vier »Ecken« oder Achspunkte Aszendent (AC), Deszendent (DC), Himmelsmitte (MC) und Himmelstiefe (IC) und die beiden Mondknoten (der aufsteigende und der absteigende) symbolisieren die Kräfte des Lebens. Sie sind das »was passiert«, »was wirkt«. Es geht um Selbstverwirklichung und Gefühl, um Trieb und Arbeitsfähigkeit etc.
Die zwölf Zeichen des symbolischen Tierkreises geben Aufschluß darüber, »wie« etwas passiert oder wirkt.
Die zwölf Häuser bezeichnen Lebensbereiche, in denen sich die Planetenkräfte bemerkbar machen, also zum Beispiel Beruf, Partnerschaft, Familie usf. Wir kennen heute zwölf Häuser; früher wurde jedoch zunächst einmal nur mit vier Viertel oder »Quadranten« gearbeitet, dann auch zeitweise mit acht Häusern. Jedes System ist prinzipiell brauchbar; stärker gegliederte Systeme erlauben natürlich eine größere Differenzierung der Auslegungen. Die zwölf Häuser zeigen astrologisch an, »wo« etwas passiert, in welchem Lebensfeld.
Aspekte sind besondere Winkelbeziehungen zwischen den Planeten, den Achsen und den rechnerischen Punkten. Die Aspekte, zum Beispiel Opposition, Trigon oder Quadrat, zeigen astrologisch an, in welcher Beziehung die Planetenkräfte zueinander stehen. Gehen Arbeitsfähigkeit und Gefühl Hand in Hand oder stehen sie konträr zueinander? Wirken das Streben nach Selbstfindung und sinnliche Triebe harmonisch zusammen oder sind diese Kräfte verspannt?

Als Schlüsselbegriffe können wir uns merken:
Planeten = Was wirkt oder passiert?
Zeichen = Wie geschieht es?
Häuser = Wo werden die Kräfte spürbar?
Aspekte = Wie wirken die Kräfte auf einander?

Einteilung des Horoskopbildes

Zur oberen Hälfte des Horoskopkreises, oberhalb der Aszendent-Deszendent-Achse, gehören die Begriffe Tag, Bewußtes, Kopf, Individuum. Zur unteren Hälfte gehören Nacht, Unbewußtes, Körper, Kollektiv.

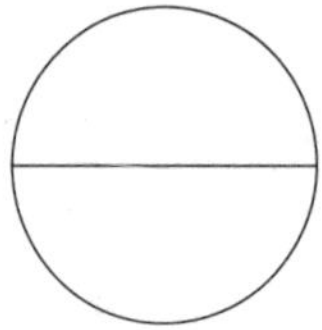

Zur linken Hälfte des Horoskops, links der Mittelachse, die idealtypisch mit der MC-IC-Achse zusammenfällt, zählen die Schlüsselworte Ich und Ich-Bezogenheit; zur rechten Häfte Du und Du-Bezogenheit.

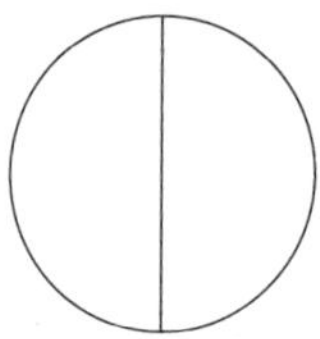

Im I. Quadranten drückt sich das »Ich« und der Trieb aus.
Im II. Quadranten findet sich das »Wir« und der Instinkt.
Im III. Quadranten ist das »Du« und das Denken angesiedelt.
Im IV. Quadranten kommt das »Man« und das Sein zum Ausdruck.

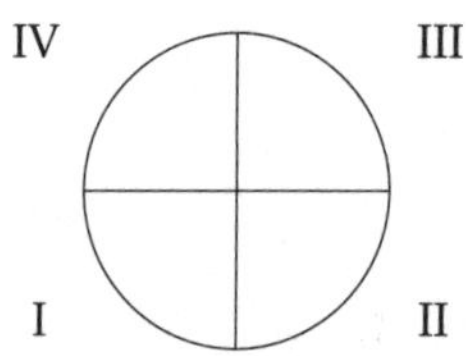

Zu Ihrer Orientierung drucken wir noch eine Übersicht mit den gebräuchlichen Zeichen und Symbolen für die astrologischen Begriffe ab.

Astrologische Symbole der Planeten

Die üblichen graphischen Zeichen für die Planeten bestehen aus wenigen Grundelementen, die in den unterschiedlich gestalteten Planetensymbolen den Wesenskern des jeweiligen Planeten plakativ zum Ausdruck bringen.

Wir finden

Kreis	= Unendliche Ganzheit	○
Halbkreis	= Endliche Begrenztheit	⊃ ∪
senkrechte Linie	= Geistiges Streben	|
waagerechte Linie	= Körperliche Ausdehnung	—
Kreuz	= Verbindung beider Linien	+
Pfeil	= aktives abgewandeltes Kreuz	↗
Punkt	= Lebenswille, Lebenskern	•

in verschiedenen Kombinationen.

Und so sehen die Symbole für die Planeten und Tierkreiszeichen aus:

Sonne	☉	Mars	♂	Neptun	♆
Mond	☽	Jupiter	♃	Pluto	♇
Merkur	☿	Saturn	♄		
Venus	♀	Uranus	♅		

Aufsteigender Mondknoten ☊

Absteigender Mondknoten ☋

Widder	♈	Löwe	♌	Schütze	♐
Stier	♉	Jungfrau	♍	Steinbock	♑
Zwillinge	♊	Waage	♎	Wassermann	♒
Krebs	♋	Skorpion	♏	Fische	♓

(Es gibt bisweilen auch andere Darstellungen, zum Beispiel für Uranus und Pluto. In unserem Sprachraum sind die hier abgebildeten Symbole gebräuchlich.)

Die Planeten und ihre Bedeutungen in Stichworten

Sonne
Betont im Zeichen Löwe und im 5. Haus.
Lebensziel, Selbst, Wesenheit, Lebensschöpfung, Vitalität, Selbstverwirklichung, Bewußtheit, Souveränität; der Mann.
Falls geschwächt: Passivität, Hyperaktivität, Selbstüberschätzung.

Mond
Betont in Krebs und im 4. Haus.
Seelisches, Gefühle, Vertrauen, Hingabe, Beschützendes, Funktionalität, Phantasie, Gemüt, Traum; Mütterliches, die Frau.
Falls geschwächt: Gefühlshemmung, Ungeborgenheit, Launenhaftigkeit.

Merkur
Betont in Zwillinge und Jungfrau sowie im 3. und 6. Haus.
Intellekt, Austausch, Sprache, Nachrichten, Wendigkeit, Lernfähigkeit, Ökonomie, Urteile, zweckgerichtetes Handeln.
Falls geschwächt: Kontaktprobleme, Geschwätzigkeit, Kopflastigkeit oder problematische kommerzielle Einstellungen.

Venus
Betont in Stier und Waage sowie im 2. und 7. Haus.
Harmonie oder Harmoniebedürfnis, Sinnlichkeit, Nähe, weibliche Libido, Beziehungsfähigkeit, Zärtlichkeit, Ästhetik, Kunst, Formsinn.
Falls geschwächt: Scheinharmonie, Konsumhaltung, Narzissmus, Trägheit.

Mars
Betont in Widder und im 1. Haus.
Initiative, Energie, Triebkraft, »Yang«-Aspekt der Libido, also drängende oder gebende Liebe. Aktivität, Antrieb, Durchsetzungsfähigkeit und Risikobereitschaft.
Falls geschwächt: Ungeduld, Aggression, Konfliktscheu oder Rücksichtslosigkeit.

Jupiter
Betont in Schütze und im 9. Haus.
Sinnbedürfnis, Optimismus, Glaube, Ganzheitlichkeit, Erkenntnis, Weisheit, Lebenssinn, Optimum.

Falls geschwächt: Überheblichkeit, überzogene Erwartungen, Ausschweifungen.

Saturn
Betont in Steinbock und im 10. Haus.
Sicherheit, Struktur, Integration, Pflichtgefühl, Leistungsbereitschaft, Konzentration, Begrenzung, Verantwortung.
Falls geschwächt: Sturheit, Geiz, Härte, Ängste, Kontrollzwang, Beschränkung.

Uranus
Betont in Wassermann und im 11. Haus.
Intuition, Eingebungen, Originalität, Individualisierung, Erneuerung, Freiheits- und Reformstreben, Veränderungsdrang, Kreativität, Toleranz, Plötzlichkeit.
Falls geschwächt: Angst vor Risiken, Unberechenbarkeit, Exzentrik, Unbeweglichkeit.

Neptun
Betont in Fische und im 12. Haus.
Einfühlung, Hingabe, Ahnungen, Träume, Verschmelzungsbedürfnis, Anteilnahme, grenzüberschreitende Schau, Auflösung, Friede, Meditation, Mystik, Vertrauen, Weichheit.
Falls geschwächt: Illusion, Realitätsflucht, Antriebsschwäche, Opfer-Helfer-Syndrom.

Pluto
Betont in Skorpion und im 8. Haus.
Leitbild, Wandlung, Metamorphose, Überwindung von Ängsten und Zwängen, Machtstreben, Sexualität, Magie, Tod und Wiedergeburt, radikale Umgestaltung.
Falls geschwächt: Abwehr, Machthunger, Fanatismus, Opferrolle, Abhängigkeit vom Kollektiv.

Aufsteigender Mondknoten
Heißt auch »Drachenkopf«. Steht für Zukunftsorientierung, neue Aufgaben, Entwicklungswege, neue karmische Herausforderungen und Chancen. Nach B. A. Mertz ähnlich wie Jupiter/Sonne.

Absteigender Mondknoten
Heißt auch »Drachenschwanz«. Steht für Vergangenheitsbindungen,

Gewohnheitsmuster, Fluchtwege, ungelöstes »altes« Karma. Nach B. A. Mertz Qualität ähnlich wie Saturn/Mond.

Aszendent-Deszendent-Achse

Die Achse Aszendent-Deszendent ist das persönlichste Element in jedem Horoskop.

Der Aszendent ist jener Punkt im 360-Grad-Meßkreis der Sternzeichen, der im Moment der Geburt im Osten am Horizont aufgeht, betrachtet vom Ort der Geburt.

Der Deszendent ist der »absteigende« Punkt und liegt genau gegenüber.

Alle vier Minuten rückt der symbolische Tiermeßkreis einen Grad auf dem 360-Grad-Rund weiter. Deshalb kann eine auch nur um wenige Minuten falsche Uhrzeitangabe einen großen Unterschied machen. Ein Beispiel dafür: Wenn die Angabe von 4.50 früh zu einem Aszendenten von 28 Grad Zwillinge führt, später aber herauskommt, daß die richtige Uhrzeit 5.10 gewesen ist, so liegt der Aszendent dann bei 3 Grad Krebs.

Der Aszendent (AC) symbolisiert das Ich, das Selbstbild, die »Persona« des Horoskopinhabers.

Der Deszendent (DC) symbolisiert das persönliche Du, die Begegnung mit unmittelbaren Partnern und die eigene Einstellung bzw. die Projektion auf das Du.

MC-IC-Achse

Die MC-IC-Achse geht mehr oder weniger senkrecht durch das Horoskop. Sie richtet sich nach der Geburtszeit und dem Geburtsort, wie die AC-IC-Achse.

MC (Medium Coeli) = Sonnenhöchststand, südlichster Punkt im Horoskop. Äußere Stellung oder Bestimmung im Leben, Erwartungen von Familie oder Gesellschaft. »Man!« Qualität oft wie 10. Haus.

IC (Immum Coeli) = Sonnentiefststand, nördlichster Punkt im Horoskop. Herkunft, innere Heimat oder »Karma«. Gewohnheiten sowie innere Verwirklichung. »Wir!« Qualität oft ähnlich wie 4. Haus.

Was bedeutet der Tierkreis?

Aufteilung der zwölf Zeichen, vier Elemente, drei Motivationen

Bekanntlich, und der führende deutsche Astrologe Bernd A. Mertz macht zu Recht darauf immer wieder aufmerksam, handelt es sich bei den Tierkreiszeichen um einen gedachten, in der Vorstellung »konstruierten« Meßkreis von zwölf Zeichen mit genau jeweils 30 Grad Ausdehnung, die zusammen den 360-Grad-Kreis der astrologischen Zeichen bilden. Die diesem Meßkreis mythologisch zugrunde liegenden Fixsternkonstellationen haben mit dem in der westlichen Astrologie benutzten Tierkreis nichts gemeinsam außer dem Namen. Die Konstellationen verbinden extrem weit auseinanderliegende, in keiner Weise zusammengehörige Fixsterne zu »Sternbildern«, die darüber hinaus sehr unterschiedlich groß sind und keineswegs alle genau 30 Grad betragen. Im übrigen haben sich die Himmelsorte der zwölf Sternbilder, also der Fixsternkonstellationen, die wir am Himmel sehen, durch einen astronomischen Vorgang, den man »Präzession« nennt, um rund 23 Grad gegenüber dem immer gleichen Meßkreis der astrologischen Tierkreiszeichen verschoben. (Mehr darüber zum Beispiel in den Lehrbüchern von B. A. Mertz.)

Die vier Elemente und die Tierkreiszeichen

Feuer: Widder, Löwe und Schütze werden durch das Feuerelement bestimmt. Vom Typ her handelt es sich hier um »extrovertierte Choleriker«. Intuition, Kraft und Aktion sind in diesem Element besonders ausgeprägt.

Erde: Stier, Jungfrau und Steinbock zählen als Erdzeichen. Der Typ des »introvertierten Phlegmatikers« gehört hierher. Schlüsselworte für das Erdelement sind Besitz, Sicherheit und empfindsame Beharrung.

Luft: Zwillinge, Waage und Wassermann werden dem Luftelement zugeordnet. Dafür ist der »extrovertierte Sanguiniker« typisch. Denken, Austausch und Vielseitigkeit sind stark entwickelt.

Wasser: Krebs, Skorpion und Fische sind astrologisch betrachtet Wasserzeichen. Der Typ des »introvertierten Melancholikers« bezeichnet dieses Element am besten. Fühlen, Anpassung und Phantasie sind ausgeprägte Merkmale dieses Elements.

Die drei Motivationen und die zwölf Zeichen

Widder, Krebs, Waage und Steinbock gehören zu den »kardinalen Zeichen«. Ihre Grundausrichtung ist aufbauend, formend, schöpferisch und richtungweisend.

Stier, Löwe, Skorpion und Wassermann sind »feste Zeichen.« Ihre Motivation ist fixierend, konzentriert, beharrlich und stabilisierend.

Zwillinge, Jungfrau, Schütze und Fische nennt man »veränderliche Zeichen«. Ihre Ausrichtung ist vor allem beweglich, lebhaft, ideenreich und anpassungsfähig.

Kernaussagen zu den zwölf Zeichen

Widder – Motto: »Ich mache!«

Antrieb durch den Willen, Dynamik, Durchsetzung, Tatkraft, Pioniergeist, Impulsivität, Ungeduld, Draufgängertum, Begeisterungsfähigkeit.

Besondere Beziehung zu Mars und zum 1. Haus.

Stier – Motto: »Ich erwerbe!«

Stoffliche Grundlagen, Sinnesfreude, Genuß, Realismus, Sicherheitsstreben, materielle Ausrichtung, Kraftreserven, Starrheit, Trägheit, Aufnahmefähigkeit.

Besondere Beziehung zu Venus und zum 2. Haus.

Zwillinge – Motto: »Ich kommuniziere!«

Beweglicher Geist, Austausch, Beweglichkeit, Kontaktfreude, Neugier, Vielseitigkeit, Reizhunger, Oberflächlichkeit, Anpassungsvermögen.

Besondere Beziehung zu Merkur und zum 3. Haus.

Krebs – Motto: »Ich fühle!«

Das seelisch Schöpferische, Fürsorglichkeit, Anschmiegsamkeit, Phantasie, Schutzbedürfnis, Unselbständigkeit, Launenhaftigkeit, Einfühlungsvermögen.

Besondere Beziehung zu Mond und zum 4. Haus.

Löwe – Motto: »Ich will!«
Konzentration des Willens, Lebensfreude, Selbstbewußtsein, Risikobereitschaft, Wärme, Kreativität, Eitelkeit, Selbstherrlichkeit, Beschützungsvermögen.
Besondere Beziehung zu Sonne und zum 5. Haus.

Jungfrau – Motto: »Ich analysiere!«
Stoffliche Grenzen, Konzentration auf Wesentliches, Nutzstreben, Arbeit, Vernunft, Gründlichkeit, Ordnungsliebe, Pedanterie, Kritik, Unterscheidungsvermögen.
Besondere Beziehung zu Merkur und zum 9. Haus.

Waage – Motto: »Ich gleiche aus!«
Lenkender Geist, Charme, Geselligkeit, Diplomatie, Harmoniestreben, Ausgewogenheit, Bequemlichkeit, Konfliktscheu, Verbindungsfähigkeit.
Besondere Beziehung zu Venus und zum 7. Haus.

Skorpion – Motto: »Ich engagiere mich!«
Träger seelischer Spannungen, Leidenschaftlichkeit, Transformationsprozesse, Instinkt, (Selbst-)Kritik, Extremismus, Defensive, Widerstandsfähigkeit.
Besondere Beziehung zu Pluto und Mars und zum 8. Haus.

Schütze – Motto: »Ich suche!«
Zielgerichteter Wille, Idealismus, geistige Ordnung, Freiheitsstreben, Expansion, Arroganz, missionarischer Dogmatimus, Zielstrebigkeit.
Besondere Beziehung zu Jupiter und zum 9. Haus.

Steinbock – Motto: »Ich leiste!«
Das stofflich Bewegende, Pflichtgefühl, Ehrgeiz, Belastbarkeit, Ausdauer, Starrköpfigkeit, Härte, Verantwortungsbewußtsein.
Besondere Beziehung zu Saturn und zum 10. Haus.

Wassermann – Motto: »Ich finde!«
Ordnung des Geistes, Ideenreichtum, Originalität, Reformbestrebungen, Provokationslust, Realitätsferne, Kühle, Individualismus.
Besondere Beziehung zu Uranus und zum 11. Haus.

Fische – Motto: »Ich glaube!«
Seelische Anteilnahme, Hilfsbereitschaft, Hingabe, Medialität, Mystik,

Beeinflußbarkeit, Illusionen, Suchtgefährdung, Einfühlungsvermögen. Besondere Beziehung zu Neptun und zum 12. Haus.

Diese Schlüsselbegriffe zu den Tierkreiszeichen gründen sich auf von mir bearbeiteten Texten der Astrodata-Horoskopkarten, die ich zusammen mit der Züricher Astrologin Monica Kissling entwickelt habe und auf die im Anhang gesondert hingewiesen wird.

Die Differenzierung der drei Dekaden

Die Gliederung der 30°-Abschnitte der Zeichen des symbolischen Tierkreises in drei »Dekanate«, also Unterabschnitte von jeweils 10°, hilft, besser zu verstehen, warum zum Beispiel Mars im Krebs nicht gleich Mars im Krebs ist. Wie sich die Planetenkräfte auswirken, wird nicht nur das Zeichen allgemein bestimmt, sondern speziell auch durch die »Färbung« des jeweiligen Zeichenabschnitts, in dem sich der betreffende Planet befindet.

Halten wir uns zunächst vor Augen, daß unter den zwölf Tierkreiszeichen vier Elemente vertreten sind, nämlich Feuer = Kraft, Erde = Beharrung, Luft = Austausch und Wasser = Anpassung.

Widder, Löwe und Schütze sind Feuerzeichen. Ihre jeweiligen »Planetenherrscher« sind Mars, Sonne und Jupiter.

Stier, Jungfrau und Steinbock sind Erdzeichen; ihre Herrscher sind Venus, Merkur und Saturn.

Zwillinge, Waage und Wassermann sind Luftzeichen. Sie werden jeweils von Merkur, Venus und Uranus »regiert«.

Krebs, Skorpion und Fische sind Wasserzeichen, die jeweils von Mond, Pluto und Neptun beherrscht werden.

Die 1. Dekade eines Zeichens – also von 1° bis 10° – wird vom »Planeten-Herrscher« dieses Zeichens bestimmt. Die 2. Dekade – von 10° bis 20° – wird vom Planetenherrscher des nächsten Zeichens in der jeweiligen Elemente-Dreiheit beeinflußt. Die 3. Dekade schließlich wird vom Planetenherrscher des 3. Zeichens der jeweiligen Elemente-Dreiheit »regiert«. Daraus ergibt sich folgende Übersicht.

Widder	1°–10°	= Die Marskraft wirkt in diesem Abschnitt.
Widder	10°–20°	= Die Sonnenkraft ist hier besonders spürbar.
Widder	20°–30°	= Die Jupiterkraft beeinflußt diesen Abschnitt.

Stier	1°–10°	= Die Venuskraft ist hier deutlich ausgeprägt.

Stier	10°–20°	= Die Merkurkraft ist in diesem Abschnitt stark.
Stier	20°–30°	= Hier macht sich die Saturnkraft bemerkbar.
Zwillinge	1°–10°	= Die Merkurkraft ist stark.
Zwillinge	10°–20°	= Die Venuskraft herrscht vor.
Zwillinge	20°–30°	= Die Uranuskraft ist ausgeprägt.
Krebs	1°–10°	= In diesem Abschnitt ist die Mondkraft spürbar.
Krebs	10°–20°	= Hier überwiegt die Plutokraft.
Krebs	20°–30°	= Einfluß durch die Neptunkraft.
Löwe	1°–10°	= Die Sonnenkraft wirkt hier besonders.
Löwe	10°–20°	= Die Jupiterkraft macht sich bemerkbar.
Löwe	20°–30°	= Die Marskraft wird hier spürbar.
Jungfrau	1°–10°	= Deutlicher Vorrang von Merkurkraft.
Jungfrau	10°–20°	= Merklicher Einfluß von Saturnkraft.
Jungfrau	20°–30°	= Spürbare Wirkung von Venuskraft.
Waage	1°–10°	= In diesem Abschnitt wirkt Venuskraft.
Waage	10°–20°	= Hier herrscht Uranuskraft vor.
Waage	20°–30°	= In diesem Abschnitt ist Merkurkraft deutlich.
Skorpion	1°–10°	= Einfluß durch Plutokraft.
Skorpion	10°–20°	= Vorrang von Neptunkraft.
Skorpion	20°–30°	= Wirkung von Mondkraft.
Schütze	1°–10°	= Hier macht sich Jupiterkraft bemerkbar.
Schütze	10°–20°	= In diesem Abschnitt herrscht Marskraft.
Schütze	20°–30°	= Sonnenkraft wirkt hier spürbar.
Steinbock	1°–10°	= Saturnkraft regiert diesen Abschnitt.
Steinbock	10°–20°	= Hier überwiegt Venuskraft.
Steinbock	20°–30°	= In diesem Abschnitt herrscht Merkurkraft.
Wassermann	1°–10°	= Uranuskraft regiert in diesem Dekanat.
Wassermann	10°–20°	= Merkurkraft wirkt auf dieses Dekanat.
Wassermann	20°–30°	= Venuskraft herrscht hier vor.
Fische	1°–10°	= In diesem Abschnitt hat Neptunkraft Vorrang.
Fische	10°–20°	= Hier wirkt sich Mondkraft aus.
Fische	20°–30°	= Plutokraft wird spürbar.

An zwei Beispielen im Telegrammstil möchte ich Ihnen zeigen, wie sich die Berücksichtigung der Planetenkräfte, die in besonderer Weise auf ein bestimmtes Dekanat eines Zeichens wirken, in der Deutung niederschlagen könnte.

Mars im 1. Dekanat Krebs: Energie und Gefühlskraft (Mond)
Mars im 2. Dekanat Krebs: Energie und Machtstreben (Pluto)
Mars im 3. Dekanat Krebs: Energie und Verschmelzung (Neptun)

Mond im 1. Dekanat Steinbock: Gefühl und Prüfung (Saturn)
Mond im 2. Dekanat Steinbock: Gefühl und Harmoniestreben (Venus)
Mond im 3. Dekanat Steinbock: Gefühl und Verstand (Merkur)

Meiner persönlichen Auffassung nach sind die Dekanatseinflüsse durch die verschiedenen Planetenkräfte bei den individuellen »Schnelläufern« Sonne, Mond, Merkur, Venus, Mars sowie AC-DC und MC-IC offensichtlicher und spürbarer als bei den »Generationsplaneten« Jupiter, Saturn, Uranus, Neptun und Pluto.
Zusammenfassend können wir festhalten: das »Was«, die Kraft eines Planeten in einem Zeichen, welches das »Wie« charakterisiert, wird teilweise auch durch die Planetenkraft mit beeinflußt, die der Dekade entspricht, in welcher der Planet steht.

Eine Feinabstimmung in zwölf Unterabschnitten

Jedes Zeichen ist nach antiker Tradition nicht nur in drei Dekanate zu jeweils 10° unterteilt, sondern noch stärker gegliedert, nämlich in zwölf Unterabschnitte von jeweils 2,5°. Denn in jedem Zeichen ist auch der gesamte Tierkreis ähnlich »angelegt«, wie in jeder Zelle eines Organismus die genetische Information des ganzen Körpers enthalten ist.
Die ersten 2,5° sind also zusätzlich zur eigentlichen Charakteristik des jeweiligen Zeichens durch Merkmale des Zeichens Widders »gefärbt«, die zweiten 2,5° durch das Zeichen Stier, und so fort bis zum letzten Abschnitt, der zusätzlich zur Eigencharakteristik auch vom Zeichen Fische gefärbt wird. Als Erleichterung zum Nachschlagen wieder eine Übersicht.
0° – 2,5° = Widdermerkmale
2,5° – 5° = Stierfärbung
5° – 7,5° = Zwillingecharakteristik
7,5° – 10° = Krebstönung

10° – 12,5° = Löwefärbung
12,5° – 15° = Jungfraumerkmale
15° – 17,5° = Waagetönung
17,5° – 20° = Skorpioncharakteristik
20° – 22,5° = Schützefärbung
22,5° – 25° = Steinbockmerkmale
25° – 27,5° = Wassermanncharakteristik
27,5° – 30° = Fischetönung

Wieder zwei Beispiele. Ein Aszendent bei 1° Jungfrau sollte nicht nur nach dem Zeichen Jungfrau = analytisch, ordentlich, mental wach etc. – gedeutet werden, sondern wir sollten auch bedenken, daß die vorwärtsdrängende, mutige, pionierhafte und bisweilen ungeduldige Widdercharakteristik das Rollenspiel dieses Menschen färben kann.
Eine Sonne bei 24° Löwe wird sich keineswegs so glänzend darstellen, wie wir es vielleicht bei diesem Sonnenstand erwarten würden. Vielmehr beeinflussen Steinbockmerkmale das Selbstgefühl so, daß man meint, sich alles schwer erarbeiten und meist öffentliche Anerkennung entbehren zu müssen.
Sie haben mit dieser Einteilung eine interessante Methode und ein zusätzliches Instrument, um sich und andere Menschen astrologisch noch besser zu verstehen. Sicher macht es Ihnen auch Spaß, einzelne Planeten daraufhin zu untersuchen, in welches Dekanat und in welchen Unterabschnitt sie fallen. Lesen Sie die Schlüsselworte nach und »experimentieren« Sie mit den sich ergebenden Deutungskombinationen. Nehmen Sie dabei nichts ungeprüft an, und verlassen Sie sich eher auf Ihr eigenes Urteil als auf allgemeine Interpretationsregeln.

Was stellen die zwölf Häuser dar?

Allgemeine Deutungen

Die zwölf Häuser oder Felder sollen im Rahmen der Horoskopdeutung die Frage nach dem Lebensbereich beantworten, in dem sich Kräfte (Planeten) auf eine typische Weise (Zeichen) auswirken. Während die Planeten also die Kräfte symbolisieren, das »Was«, und die Zeichen die charakteristische Färbung, das »Wie«, bezeichnen die Häuser das »Wo«, in dem sich »Was« und »Wie« abspielt. Sie geben Aufschluß darüber, in welchem Lebensbereich des Alltags sich die Kräfte auswirken.
Die Häuserstellung hängt vom möglichst minutengenau festgestellten Zeitpunkt sowie dem Ort der Geburt ab. Danach werden der sogenannte Aszendent und die zwölf Häuser errechnet. Wenn Sie Ihren Aszendenten und die Häuserstellungen noch nicht kennen, können Sie eine Ausrechnung bei einem astrologischen Computerdienst bestellen. Dazu finden Sie ein Bestellformular am Ende des Buches.
Die Kurzdeutungen zu den zwölf Häusern lehnt sich an die Texte für die Astrodata-Horoskopkarten an, die der Verfasser mitentwickelt hat. Hinweise dazu siehe ebenfalls im Anhang.

1. Haus
Thema: »Wie trete ich auf?«
Ich, Persönlichkeit, Rollenspiel, Selbstdarstellung, aber auch die »Maske«, die körperliche Erscheinung und unsere physische Vitalität werden von diesem Haus symbolisiert. Die Anlagen des Menschen und die Gegenwart des Lebens, die Art und Weise, etwas anzugehen, stehen im Mittelpunkt. Dieses Haus hat auch einen Bezug zum Zeichen Widder sowie zum Planeten Mars.

2. Haus
Thema: »Was sind meine Werte?«
Eigentum, Besitz und Werte, sowohl innere, geistige als auch äußere, materielle, sind in diesem Haus angesprochen. Talente, das Selbstwertgefühl, die verfügbaren Mittel, unsere stärksten Wünsche und Begabungen sowie Geldangelegenheiten, das Geben und Nehmen allgemein, spielen eine Rolle. Hier gibt es Verbindungen zum Zeichen Stier und zum Planeten Venus.

3. Haus

Thema: »Wie gehe ich mit Aufmerksamkeit um?«

In diesem Haus dreht sich alles um den Werdegang, die nähere Umgebung, um Nachbarn, Geschwister. Auch kurze Reisen und Briefe, Kommunikation allgemein, und somit auch Wissen und Sprache sind wichtig. Vielseitigkeit, Einstellung auf die Umwelt, Alltag sind weitere Schlüsselworte. Das Zeichen Zwillinge und der Planet Merkur spielen für das dritte Haus eine wichtige Rolle.

4. Haus

Thema: »Wo finde ich Geborgenheit?«

Unsere Wurzeln, das »Wir«, die Familie, die geographische oder spirituelle Herkunft, der biologische oder geistige Ursprung, unsere Kindheit, Tradition, die innere oder äußere Heimat, Heim, Haus, Innenleben, Privatbereich, Grundbesitz, der Lebensabend, unsere Vergangenheit und auch die Eltern gehören zum Themenkreis dieses Hauses. Es gibt eine starke Beziehung zum Zeichen Krebs und zum Mond.

5. Haus

Thema: »Wie lebe ich schöpferisch?«

Zu diesem Lebensfeld zählen (Er-)Zeugung, Lebensfreude, Kinder, Kreativität, Erotik, romantische Liebe und Affären, Liebhabereien, Spiel, Freizeit, Spekulation. Hier haben wir es mit einer besonderen Verbindung zum Zeichen Löwe und zur Sonne zu tun.

6. Haus

Thema: »Wo mache ich mich dienlich?«

In diesem Haus versuchen Astrologen Hinweise auf Arbeit, Arbeitsplatz, Alltag, Existenzsicherung, sozialen Dienst, Notwendigkeit zur Anpassung, Gesundheit, Ernährung, Dienen und auch Prüfungen zu erkennen. Das Zeichen Jungfrau und der Merkur gehören hierhin.

7. Haus

Thema: »Bei wem finde ich meine Ergänzung?«

In diesem »Partnerhaus«, das am Deszendenten, also gegenüber dem Aszedenten, liegt, stehen folgende Kernbereiche des Lebens im Mittelpunkt: das persönliche »Du«, sowohl in der intimen Partnerschaft als auch in anderen, familiären oder beruflichen sowie freundschaftlichen Beziehungen, das Zusammenleben mit einem anderen Menschen schlechthin, die Suche nach Ergänzung, Du-Bezogenheit, die 1. Ehe, auch persönliche Abhängigkeiten und Verträge aller Art, die zwischen zwei Personen geschlossen werden. Das Zeichen Waage und der Planet Venus gehören zu diesem Haus.

8. Haus

Thema: »Wie muß ich mich wandeln?«

Das ewige »Stirb und Werde« findet in diesem Haus seinen archetypischen Ausdruck, die Ich-Krise, Tod und Wiedergeburt, Verluste oder das, was wir dafür halten, Prüfungen, auch Regneration, Erbe, gemeinsamer Besitz bzw. Verbindlichkeiten sowie Investitionen, aber auch Sexualität und Macht gelten als wesentliche Schlüsselworte für das 8. Haus. Das Zeichen Skorpion und der Transformationsplanet Pluto sind ihm verwandt.

9. Haus

Thema: »Wo finde ich meinen Sinn?«

Ideale und geistige Ziele, neue Horizonte, Religion, Gottesbild, Wahrheitssuche, Freiheitsstreben, Gesetz, große Projekte, fernes Ausland, ein weit gespannter Austausch, bisweilen auch dogmatische Tendenzen finden in diesem Haus ihren Niederschlag. Die 2. Ehe wird nach dem 9. Haus gedeutet. Hier gibt es auch eine besondere Beziehung zum Zeichen Schütze und zum Planeten Jupiter.

10. Haus

Thema: »Wie werde ich erfolgreich?«

Idealtypisch fällt der MC und der Zenith, die »Himmelsmitte«, in das 10. Haus. Damit ist der außen sichtbare »Erfolg«, unser Beruf und die Berufung, unsere persönliche Entfaltung, das öffentliche Auftreten bzw. die Öffentlichkeit, Autorität und unsere Karriere, Selbstverwirklichung in der Gesellschaft, Prestige, Anerkennung und Stellung gekennzeichnet. Es gibt eine starke Beziehung zum Zeichen Steinbock und zum Planeten Saturn.

11. Haus

Thema: »Wo finde ich Inspiration?«

In diesem Abschnitt geht es um unsere Hoffnungen und Wünsche, um den Freundeskreis, Gruppen bzw. die Gemeinschaft allgemein, aber auch um die Spannung zwischen persönlicher Freiheit und sozialem Denken, um Reformstreben und Zukunftsvisionen, um den »Zeitgeist«. Man deutet eine 3. Ehe nach diesem 11. Haus. Das Zeichen Wassermann und der Planet Uranus sind diesem Lebensfeld verwandt.

12. Haus
Thema:« Wie finde ich Erlösung?«
Im 12. Haus finden wir einen symbolischen Abschluß, die Vollendung einer Lebensphase. Damit steht es für die Innenwelt, das Jenseits, für Verborgenes, für Mystik und Meditation, aber auch das Gebet. Es geht sowohl um die Auflösung von Grenzen als die Sehnsucht nach Verschmelzung, um Opferbereitschaft, um »Rückzug« in die Stille. In diesem Haus wird auch der Keim für die Zukunft gelegt, und es gilt manchmal im Geburtshoroskop als Bereich des Karmas, das Grundlage für dieses Leben ist. Traditionell kommt das zwölfte Haus bei vielen Astrologen schlecht weg als Bereich der Schatten, Behinderungen und verborgenen Feinde. Eine einseitige Negativbesetzung halte ich für fragwürdig. Das Zeichen Fische und der Planet Neptun besitzen eine besondere Beziehung zum 12. Haus.

Die 1., 4., 7. und 10. Häuser kann man analog den drei Motivationen oder Grundausrichtungen bei den zwölf Tierkreiszeichen auch als »aufbauende« Häuser bezeichnen. Sie beziehen sich auf Bereiche des Lebens und persönlichen Einsatzes, in denen es um aktiven Neuanfang und schöpferischen Aufbau geht.
Die 2., 5., 8. und 11. Häuser symbolisieren in dieser Systematik Lebensfelder, in denen wir unsere Tätigkeiten und Interessen vertiefen und bewahren.
In den 3., 6., 9. und 12. Häusern geht es dann um Besinnung, Vollendung und möglicherweise Vorbereitung zur Veränderung oder Auflösung.

Das Problem der verschiedenen Häusersysteme

Es gibt unterschiedliche Methoden, wie man Häuser berechnet. Allen gleich ist lediglich die Angabe für die beiden Hauptachsen Aszendent-Deszendent und MC-IC. Die meisten Häusersysteme ergeben »inäquale = ungleiche« Häuser; manche Häuser können ganz klein sein und umfassen vielleicht nur 5°, andere sind ziemlich groß und umspannen eventuell sogar 65°. Vor allem in nördlichen Breiten, bereits auf der Höhe von Oslo zum Beispiel, kommt es zu solchen Verzerrungen der Häusergrößen.
Nach der traditionellen Bewertung der zwölf Häuser als typische Lebensbereiche hieße das dann, daß Menschen mit einem solchen Horoskop vielleicht ein winziges Partner- oder Berufshaus, ein riesiges Ge-

sundheits- oder Selbstfindungshaus haben usw. Daraus ergibt sich weiterhin, daß Planeten nur eine geringe »Chance« haben, in die Minihäuser zu fallen, während die Maxihäuser voller Planetenakzentuierungen sein können.
Weiter kann ich an dieser Stelle nicht in diese umstrittene Thematik einsteigen; aber aus dem Gesagten sowie einer Reihe anderer Argumente ergibt sich für den Verfasser, daß es am meisten Sinn macht, mit »äqualen = gleich großen« Häusern zu arbeiten. Dabei ist jedes Haus 30° groß. Diese Meinung vertritt mit einer Fülle fundierter Begründungen übrigens auch Bernd A. Mertz (siehe auch Literaturhinweise im Anhang).
Johannes Vehlow meinte darüber hinaus übrigens, daß der Aszendent nicht der Anfang des ersten Hauses ist, sondern die Mitte bestimmt. Er sah alle sogenannten Häuserspitzen als Markierungen der jeweiligen Häusermitte, so daß sich danach das Haus also jeweils 15° links und rechts von dieser Markierung erstreckt.
Ich arbeite also mit gleich großen Häusern von jeweils 30°. Und wenn ein Planet zum Beispiel 2–3° über dem Aszendenten steht, und ein anderer 2–3° vor dem MC, bewerte ich diese Planeten als wirksam auf das 1. Haus und nicht das 12., bzw. auf das 10. Haus und nicht auf das 9. Aber wie immer: Bitte experimentieren Sie selbst und gewinnen Sie eigene Erfahrungen, damit Sie sich im Laufe der Zeit ein selbständiges Urteil bilden können.

Die »dreifache Häusereinteilung« mit den »Sonnenhäusern«

Altmeister Johannes Vehlow benutzte und propagierte die sogenannte »dreifache Häusereinteilung«. Dabei wird das Horoskop auf drei Häusereinteilungen hin gedeutet:

1. Das normale Häusersystem, bei dem der Aszendent das erste Haus bestimmt, und dann in einem 30°-Abstand alle weiteren bis zum 12. Haus folgen.
2. Das »mundane« Häusersystem, bei dem das Zeichen Widder gleichzeitig das 1. Haus ist, Stier das 2. , und so fort bis zu den Fischen, die das 12. Haus kennzeichnen.
3. Die »Sonnenhäuser«, wobei die Sonne die Mitte des 1. Hauses markiert. Vom Sonnenstand ausgehend addiert man jeweils 30° und erhält so die Mitte des 2. Hauses, und so fort, bis zum 12. Haus.

Die dreifache Häusereinteilung erfüllt mehrere Zwecke. Zum einen »erhärten« sich Aussagen, wenn sie nicht nur nach einem, sondern nach zwei oder gar drei Einteilungen eine Bestätigung finden. Zum anderen dienen die Mundanhäuser und die Sonnenhäuser auch in den Fällen, in denen der Aszendent nicht bekannt ist, etwa weil die Angabe der Geburtszeit fehlt.

Sehen wir uns ein Beispiel an:
Die Sonne steht bei 10° Waage, der Aszendent bei 2° Fische.
Der Mond soll in diesem Beispiel bei 5° Stier stehen.
Das 1. Haus nach der üblichen Berechnung beginnt mit dem Aszendenten bei 2° Fische und geht im äqualen System bis 2° Widder. Das 2. Haus reicht von 2° Widder bis 2° Stier. Und so weiter, bis zum 12. Haus, das bei 2° Wassermann beginnt und bei 2° Fische endet.
Das 1. Sonnenhaus erstreckt sich von 10° Waage bis 10° Skorpion.
Das 2. Sonnenhaus geht von 10° Skorpion bis 10° Schütze. Und so fort bis zum 12. Sonnenhaus, das von 10° Jungfrau bis 10° Waage reicht.
Nach der Mundaneinteilung ist das 1. Haus mit dem Abschnitt Widder identisch, das 2. Haus mit dem Abschnitt Stier, und so fort bis zum 12. Haus, das sich über den Abschnitt Fische erstreckt.
Nach der üblichen Häuserberechnung steht der Mond am Anfang des 3. Hauses, das ja mit 2° Stier beginnt.
Nach der Einteilung nach Sonnenhäusern kommt der Mond ins 7. Haus.
Und der Mond fällt in diesem Beispiel in das 2. Mundanhaus, das mit dem Abschnitt Stier identisch ist.
Der Mond müßte also nach der »dreifachen Häusereinteilung« dreifach gedeutet werden – als wirksam für Angelegenheiten des 3., 7. und 2. Hauses. Es würde sich also um Gefühle und Empfindungen handeln, die durch die nähere Umwelt, den Alltag und durch Nachbarn oder Geschwister beeinflußt werden (3. Aszendentenhaus). Dieses Seelenleben ist indes vom Lebenskern der Persönlichkeit, vom Streben nach Selbstverwirklichung her auf eine Erfüllung bzw. Ergänzung in einer persönlichen Partnerschaft gerichtet (7. Sonnenhaus). Rein äußerlich betrachtet, zum Beispiel aus der Sicht Unbeteiligter, schlägt sich das Gefühlsleben indes im Bereich von Werten oder Besitz bzw. Geldangelegenheiten nieder (2. Mundanhaus).
Falls man den Mond in einer Deutungsvariante auf die Mutter bezieht, wären in diesem Beispiel u. a. folgende Überlegungen anzustellen: Die Mutter betrachtet(e) den Horoskopinhaber vor allem durch die Brille der Nachbarn bzw. Umwelt, obwohl sich das Kind nach einer direkten

persönlichen Beziehung sehnte, ohne Umwege über »Dritte«; als Beweis von Zuwendung galt finanzielle Unterstützung.
Wohlgemerkt, das sind konstruierte und isolierte Kurzinterpretationen, die nur dazu dienen, die Chancen einer Deutung nach der dreifachen Häusereinteilung exemplarisch aufzuzeigen.
Der inzwischen verstorbene amerikanische Astrologe Carl Payne Tobey, in den über 50 Jahren seiner Astrologentätigkeit immer ein »Rebell« seiner Zunft, ein eigenständiger, klarer, origineller, scharfsinniger und verblüffender Denker, hat zum Thema Häuser unter anderem folgendes geschrieben.
»Das Phänomen der astrologischen Häuser, ein seltsamer Begriff, der aus einer unbekannten Antike auf uns überkommen ist, ist dem Tierkreis ähnlich und beschäftigt sich mit identischen Prinzipien. Die Häuser sind jedoch zu einem gegebenen Augenblick auf die Oberfläche der Erde fixiert, anstatt auf die Punkte der Tagundnachtgleichen und die Sonnenwenden. In diesem Bereich herrscht große Verwirrung, weil heutige Astrologen verschiedene Systeme benutzen, um die zwölf astrologischen Häuser zu berechnen.
In der prähistorischen Astrologie gab es keine Probleme. Die Probleme haben sich alle erst seit 600 vor Christus ergeben. Ich führe hier den Begriff ›Aszendent‹ ein, der einer Erklärung bedarf. ... [er ist] ein spezifischer Punkt am östlichen Horizont, dort, wo die Ekliptik [die scheinbare Sonnenbahn] den Horizont kreuzt und dieser [Punkt] kann 23°27' nördlich oder südlich vom Äquator sein. Er bewegt sich übrigens auch den ganzen Tag lang zwischen diesen beiden Extremen.
Der Aszendent ist jener Punkt, der am Tierkreis gemessen 90° östlich vom Zenith des Geburtsorts ist. Der Deszendent ist jener Punkt, der am Tierkreis gemessen 90° westlich vom Zenith des Geburtsorts ist.
Über diese Punkte gibt es Übereinstimmung zwischen den Astrologen. Es gibt Meinungsverschiedenheiten darüber, auf welcher Ebene das Horoskop erstellt werden könnte, und die meisten Astrologen haben über diese Frage noch nie nachgedacht und können Ihnen auch nicht sagen, welche räumliche Ebene ihre Horoskope repräsentieren oder in welcher sie gezeichnet sind. Die prähistorischen Astrologen unterteilten den Kreis in zwölf gleiche Teile, indem sie von den oben genannten Punkten als Anfang ihrer Messungen ausgingen. Das war die ursprüngliche Astrologie. Ich meine, daß das die korrekte Astrologie ist, aber ich möchte nicht dogmatisch sein, weil es immer unbekannte Faktoren geben kann.
Was passierte? Warum wurde das alles verändert? Meine gegenwärtige Ansicht ist, daß der Ägyptologe Dr. Livio Catullo Stecchini die

beste Antwort haben dürfte. Die frühen Griechen übernahmen ihre Astrologie und ihre Mathematik von den Ägyptern und Hindus. Stecchini stellt fest, daß die frühen Griechen den Meridian fehldeuteten. Als die Ägypter den Begriff Meridian verwendeten, bezogen sie ihn auf den Tierkreis-Meridian. Die Griechen nahmen an, daß sie [die Ägypter] diesen Begriff auf den geographischen Meridian bezogen. Dabei handelt es sich um denselben Konflikt zwischen geographischen und Tierkreis-Direktionen. Die Griechen zeichneten ihre Horoskope, indem sie sich teilweise an Tierkreis-Direktionen hielten, aber teilweise geographische Direktionen benutzten. Die Mehrheit der Astrologen hat seither dasselbe gemacht. Das schließt den Schreiber ein, der die ersten zehn Jahre seiner astrologischen Arbeit dieselben Fehldeutungen machte, die viele andere heute noch machen.

Das antike System der Berechnungen ist heute als das äquale Häusersystem oder Zenith-System bekannt. ... Mit Beginn der frühen griechischen Fehldeutungen ist der geographische Meridian als Spitze des 10. Hauses fast kontinuierlich von fast allen Astrologen der letzten 2500 Jahre verwendet worden. ... Es gab jedoch keine völlige Übereinstimmung unter jenen, die den geographischen Meridian benutzten. Sie konnten sich nicht auf eine Methode einigen, wie man die übrigen Häuserspitzen berechnen sollte, mit Ausnahme der Spitze des 4. Hauses, das dem 10. gegenüberliegt. ... Damit, falls irgendeines der ungleichen Häusersysteme [Placidus, Regiomontanus, Koch etc.] richtig sein sollte, müßten alle anderen falsch sein. ...

Ich persönlich denke nicht, daß es mathematisch vernünftig ist, den Ort des Aszendenten zu bestimmen, indem man sich der Tierkreis-Direktionen bedient, und dann die Spitze des 10. Hauses zu lokalisieren, indem man geographische Direktionen verwendet. ... Es gibt Fälle, in denen die Unterschiede unbedeutend sind, und wenn eine Person einen Aszendenten nahe an 0° Waage oder Widder hat, wird die Spitze des 10. Hauses in allen Systemen gleich sein. Wenn aber jemand auf 66° nördlicher Breite geboren wird, wenn 0° Steinbock am Aszendenten ist, kann die Spitze des 10. Hauses um bis zu 78° je nach System voneinander abweichen. Diese Diskrepanz wird noch größer, je näher man an den Polarkreis kommt. ...

Der Geburtsort besetzt immer einen bestimmten Grad des Tierkreises zum Zeitpunkt der Geburt. Dieser Grad ist die Spitze des 10. Hauses im äqualen oder Zenith-Häusersystem. ... Erinnern Sie sich daran, daß der Zenith immer der Punkt ist, der sich direkt und genau über dem Geburtsort befindet. Die Befürworter des Placidus-Systems und aller anderer ungleicher Häusersysteme ziehen eine Linie vom geo-

graphischen Nordpol zum geographischen Südpol quer über den Zenith. ...
Um Ihnen eine bessere Vorstellung davon zu geben, was der Zenith und die Himmelsmitte [Medium coeli] sind: der Zenith ist in der Mitte zwischen den beiden Punkten des [örtlichen!] Horizonts, zwischen dem Aszendenten und dem Deszendenten; die Himmelsmitte liegt jedoch in der Mitte zwischen den beiden Punkten, wo der Äquator den astronomischen Horizont berührt. Falls das Horoskop entlang des Äquators erstellt würde anstatt entlang der Ekliptik [der scheinbaren Sonnenbahn, die mit unserem Tierkreis identisch ist], wäre es korrekt, die Äquatormitte zu benutzen. Die zwei Punkte, wo der Äquator den astronomischen Horizont durchquert, werden [jedoch] niemals in der Astrologie verwendet. Ich kann also nicht einsehen, warum die Mitte zwischen diesen beiden Punkten in einer Astrologie von irgendeiner Bedeutung sein sollte, die auf dem Tierkreis und der Ekliptik aufgebaut ist. ...
Wenn Sie ein Horoskop erstellen in Übereinstimmung mit geographischen Direktionen, dann sollten Sie Gestirnstandstabellen (Ephemeriden) benutzen, die ebenfalls auf geographischen Direktionen basieren, im Sinne von Rektaszension. Solche Messungen werden entlang des Äquators gemacht anstatt entlang der Ekliptik. Kein einziger Astrologe denkt jemals daran, planetarische Aspekte anders als nach der Ekliptik zu berechnen. Für die Alten waren die Häuserspitzen nichts mehr als Aspekte zum Punkt des Aszendenten, der anhand der Ekliptik berechnet wurde. ... Für mich scheint es ebenso logisch zu versuchen, sich in Los Angeles mit einer Stadtkarte von Chicago zurechtzufinden, wie geographische und Tierkreiszeichen-Direktionen miteinander zu vermischen und zu verwechseln. ...
Meine eigene empirische Erfahrung weist darauf hin, daß ein Planet keine Bedeutung [für dies Haus] besitzt, wenn er über die Mitte [des Hauses] hinaus steht, oder mehr als 15° von der Häuserspitze entfernt. Er befindet sich dann auf dem Weg zur nächsten Häuserspitze.«
(Zitate aus dem Buch »Astrology of Inner Space«, Carl Payne Tobey, Omen Press, Tucson, Arizona, USA, 1973; leider vergriffen; der Autor ist inzwischen verstorben, eine Neuauflage ist nicht in Sicht, da der Verlag auch aufgelöst ist.)

Soweit Carl Payne Tobey. Er legte noch eine Reihe weiterer Gründe vor, warum ein astrologisch sinnvolles Häusersystem von zwölf gleich großen Häusern mit jeweils 30° Ausdehnung ausgehen sollte. Interessant ist, daß auch er mit seiner eigenen Erfahrung über die Wirksamkeit von Planeten innerhalb von 15° Entfernung von den Häuserspitzen die Regel der »Häusermitten« nach Vehlow bestätigt. In Kursen und persönlichen Horoskopbesprechungen tauchen immer wieder verblüffende Fälle auf, in denen erst die Anwendung gleich großer Häuser zu einem wirklichen Verständnis des Horoskops und besonders der Planetenbedeutung führt.

Pluto in den Tierkreiszeichen

Pluto braucht rund 248 Jahre, bis er einen Lauf rund um die Sonne vollendet hat. Demnach bleibt dieser Planet durchschnittlich etwa 20 Jahre in einem Zeichen – in Wirklichkeit in einigen Zeichen viel länger, in anderen viel kürzer. Über Pluto in den Zeichen liegen wenige moderne Erfahrungen vor, da er einerseits erst 1930 (wieder?)entdeckt wurde, und andererseits dieser Planet eben fast eine Generation lang in einem Zeichen verweilt. Die folgenden Deutungen sind Annäherungen, keineswegs gesicherte Erkenntnisse, vor allem für die Zeichen Schütze bis Fische.

Pluto im Zeichen Widder
Pioniergeist und Tatkraft, die einen gesellschaftlich bedeutsamen Entwicklungssprung möglich machen. Eine Zeit, in der die sogenannte industrielle Revolution sich mit aller Macht Bahn brach.

Pluto im Zeichen Stier
Große Vermögen wurden gemacht, der Lebensstandard allgemein erhöhte sich, die Kluft zwischen Reich und Arm wurde jedoch immer größer, die ersten Arbeiterbewegungen organisierten sich, das heißt, kollektive Anstrengungen einer Masse begannen eine Rolle zu spielen.

Pluto im Zeichen Zwillinge (1882 – 1912)
Erfindungen, Kommunikation und Reisen sowie Berichte über zuvor unzugänglich geglaubte Gebiete der Erde bestimmten diese Epoche. Das Auto, das Flugzeug, das Telefon und der Schallplattenspieler wurden erfunden. Die Presse begann öffentlichkeitswirksame Kritik an alten Strukturen zu üben.

Pluto im Zeichen Krebs (1912 – 1938)
In diese Ära fallen der I. Weltkrieg und die weltweiten Wirtschaftskrisen danach. Menschen, die in dieser Zeit lebten, erfuhren Umbrüche, die ihre Familie tiefgreifend veränderten: Väter oder Brüder fielen im Krieg, Heimkehrer fanden keine Arbeit, Scheidungen nahmen erstmals merklich zu, die Bewegung zur Gleichberechtigung der Frauen gewann an Schwung. Für Menschen, die in Europa in diesen Jahren

geboren wurden, sollten Familie und Heim, geographische Heimat und geistige Führung eine besonders herausragende Rolle spielen: Unter dem Banner eines Heimat- und Familiengefühls, das heute als falscher Nationalismus erkannt wird, sollten sie zu Leidtragenden und Akteuren des II. Weltkriegs und seiner totalen Umwälzungen werden. Menschen mit Pluto im Krebs haben eigentümliche Bindungen an Familie und Tradition, sie suchen nach Sicherheit.

Pluto im Zeichen Löwe (1938 – 1957)
Einerseits war dies die Zeit großer Diktatoren wie Hitler und Stalin, andererseits eine Epoche, in der europäische Throne fielen und Königshäuser aufhörten zu existieren. Die ersten Atombomben wurden gezündet, die Vereinten Nationen wurden gegründet. Eine Zeit des Aufstiegs und Falls von Weltreichen: die USA und die Sowjetunion wurden zu den dominanten politischen Kräften auf diesem Erdball. Die Unterhaltunsgindustrie made in America brachte mit Hollywood und dem neuen Medium Fernsehen eine (Schein-?)Blüte der Kreativität. Menschen mit Pluto im Löwen besitzen großes Selbstvertrauen in ihre eigenen Ideen, die sie teils auch recht rücksichtslos durchzusetzen versuchen. Man denke nur an die Protagonisten der sogenannten Studentenbewegung und ihre radikalen Verhaltensweisen.

Pluto im Zeichen Jungfrau (1957 bis 1972)
Wissenschaftliche Analysen und angewandte Technologien, Beginn des Computerzeitalters und durchschlagende Erfolge in der Raumfahrt, die Überzeugung, daß (fast) alles machbar sei – das sind einige Aspekte dieser Jahre. Gleichzeitg nahm die pharmazeutische Industrie einen ungeahnten Aufschwung, weil Pillen für alles und jeden wie verrückt konsumiert wurden – Schlaf- und Schmerztabletten, Beruhigungspillen und so fort. Dagegen entwickelte sich eine »Subkultur« der alternativen Heilmittel einerseits und der psychodelischen Drogen andererseits.
Menschen mit Pluto im Zeichen Jungfrau besitzen oft einen ausgeprägten Wissensdrang, sie wollen Dinge wirklich ergründen. Dabei sind sie kritisch und weniger opferbereit als die Jahrgänge vor ihnen.

Pluto im Zeichen Waage (1972 – 1984)
Was die »goldenen Zwanziger« am Anfang des Jahrhunderts schienen – eine fruchtbare Zeit der künstlerischen Kreativität und der fröhlich-sorglosen Lebsnfreude (auch, um zu verdrängen, was an Problemen im Untergrund gärte) –, das könnte auch die Zeit zwischen 1972 bis 1984

sein. Weltweiter Wirtschaftsaufschwung im Westen, häufig auf Kosten der Länder der Dritten Welt, eine Plutokratie der reichen Staaten und der »Multis«, opulenter Lebensgenuß mit »immer größer, immer höher, immer teurer«. Im Ostblock ein Sich-Einrichten mit den Machtverhältnissen, eine vergleichsweise ebenfalls angenehme scheinbare Stabilisierung des Lebensstandards. Diese Zeit war die Ära des ungebremsten Konsums. Daß der Konsum zu Lasten armer Länder und der ausgebeuteten Natur ging, hatten wir geflissentlich übersehen.
Menschen, die unter Pluto in der Waage geboren wurden, müssen sich mit der Frage auseinandersetzen, welche Freuden es wert sind, ausgelebt zu werden.

Pluto im Zeichen Skorpion (1984 – 1996)
Wir alle haben es selbst miterlebt und sind weiterhin Zeuge, daß unsere jetzige Zeit einige der größten gesellschaftspolitischen Umwälzungen mit sich bringt, die dieses Jahrhundert je gesehen hat. Der Zusammenbruch des sogenannten kommunistischen Blocks, der tatsächlich die Pluto-Skorpion-Prägung des Stirb-und-Werde trägt. Eine gesamte alte Ordnung zerbricht, etwas Neues muß unter Geburtswehen wie der Phönix aus der Asche erst noch entstehen. Pluto im Skorpion prüft uns »auf Herz und Nieren«: Was ist wertvoll, sinnvoll und lebensfähig – und was nicht? Wird unser Wirtschaftssystem »halten«, oder werden wir alle noch den großen Zusammenbruch der künstlich aufgeblähten Finanzmärkte mit ihren Papierwerten erleben? »Hält« uns die Umwelt noch aus, oder wird uns das Ökosystem Erde mit einigen heftigen und unerwarteten Reaktionen wieder auf ein menschliches Maß des Lebens reduzieren? Und Pluto im Skorpion bezieht sich auch auf alles, was mit Sexualität zu tun hat: Werden wir die Aids-Epidemie beherrschen und begrenzen können oder nicht?
Menschen, die in diesen Jahren geboren werden, haben die karmische Aufgabe mit auf ihren Lebensweg bekommen, bisher verborgene und unerforschte Gebiete des menschlichen Geistes zu entdecken.

Pluto im Zeichen Schütze (1995 – 2010)
Wir können damit rechnen, daß wir einen Vorstoß in höhere spirituelle Dimensionen miterleben. Ein neuer Enthusiasmus und geistige Freiheit spielen eine wichtige Rolle. Pläne und Ideen zur Jahrtausendwende, Hoffnungen auf eine »neue Zeit«, Überwindung von Grenzen und Trennung zwischen »Einheimischen« und »Fremden« – das könnten positive Aspekte dieser Plutoposition sein. Religiöser Fanatismus und falsch verstandene Freiheitssucht wären Kehrseiten dieser Medaille.

Pluto im Zeichen Steinbock
Kommt mit dieser Plutostellung im Zeichen Steinbock die wahrhaft weltweite Umgestaltung, vielleicht als Folge eines III. Weltkriegs, der aufgrund von Zusammenstößen verschiedener religiöser Traditionen und Dogmen ausgelöst wird? Das meint zumindest der Nostradamusforscher Manfred Dimde, der davon ausgeht, daß in den Jahren nach 2010 der allseits befürchtete III. Weltkrieg zu erwarten sei. Sicher steht Pluto im Steinbock symbolisch für einen Umsturz bestehender Strukturen. Vielleicht werden in diesen Jahren auch die negativen mittelfristigen Folgen der Atomwirtschaft für Mensch und Umwelt erst wirklich deutlich zutage treten.

Pluto im Zeichen Wassermann
Sollte jetzt das »Wassermannzeitalter«, die Epoche der bewußten, humanitären und spirituellen Organisation des Gesellschaftslebens mit voller Kraft einsetzen? Sollte die Menschheit jetzt gelernt haben, mit Macht richtig umzugehen?

Pluto im Zeichen Fische
Verheißung eines goldenen Zeitalters der Inspiration und Meditation, der spirituell orientiertierten Magie und der Mystik?

Pluto in den zwölf Häusern der Lebensbereiche

Die Plutostellung in den Häusern ist für den einzelnen wichtiger als die Plutoposition in den Tierkreiszeichen. Die Häuserstellung der Planeten hängt bekanntlich von der genauen Geburtszeit ab, welche den Aszendenten und damit die Spitze des 1. Hauses bestimmt. Sie haben es im Kapitel über die Häuser gelesen: es gibt verschiedene Methoden, die Häuser zu berechnen. Zumindest für den »Astrologieanfänger« empfehle ich, mit gleich großen Häusern zu arbeiten, also mit dem »äqualen System«. Und wenn ein Planet, hier der Pluto, ziemlich am Ende eines Hauses steht, prüfen Sie bitte auch, ob er nicht bereits entsprechend der Bedeutung des nächsten Hauses interpretiert werden sollte. Wer seinen Aszendenten nicht kennt, kann ihn ungefähr anhand der weiter hinten abgedruckten Tabelle ablesen. Oder Sie können sich eine Ausrechnung eines Astrodienstes schicken lassen – ein Bestellformular zum Heraustrennen ist am Ende des Buchs abgedruckt.

Pluto im 1. Haus

Sie sind eine starke Persönlichkeit voller Tatendrang, Sie wollen das Kommando in Ihrem Leben haben. Gerade in jüngeren Jahren erfahren Sie jedoch viele Widerstände in Ihrem Drang, sich zu verwirklichen. Möglicherweise fühlen Sie sich Sie paradoxerweise oft sogar ohnmächtig verborgenen, fremden oder höheren Mächetn »ausgeliefert«. Ihr »Thema« ist und bleibt jedoch, wie Sie sich selbst behaupten, wie Sie Ihren Mann oder Ihre Frau stehen, wie Sie selbständig und unabhängig Ihr Leben gestalten.

Sie sollten sich davor hüten, Ihre Energie in »Machtspielen« zu vergeuden oder mit aller Macht und rücksichtslos Ihre Interessen zu verfolgen.

Vermutlich erleben Sie immer wieder ganz tiefgreifende Prüfungen oder Veränderungen in Ihrem Leben, die gewissermaßen schicksalhafte Züge tragen. Oder Sie spüren in gewissen Abständen die innere Notwendigkeit, etwas grundlegend in Ihrem Leben zu ändern und zu wechseln – den Beruf, den Partner, die Wohnung, die religiöse Überzeugung, oder etwas »kleiner«, ihre Frisur, die Kleidung, die Ernährungsweise.

Pluto im 2. Haus

Ihre Urteilskraft wird im Regelfall gut entwickelt sein, Sie verfügen über genug Geduld und Beharrlichkeit, um zum Ziel zu gelangen.

In diesem Haus wird die Macht, die Geld und Besitz verleihen, zu einem entscheidenden Thema für die Persönlichkeitsentwicklung. Außergewöhnlicher Erwerbssinn, ungewöhnliche Methoden, Werte zu erlangen, erfolgreiche Spekulationen, Reichtum schlechthin faszinieren und inspirieren Sie. Bei günstiger Aspektierung werden Sie es verstehen, das für sich selbst zu erreichen – oder aber innerlich darüber hinaus zu wachsen und es loszulassen. Bei ungünstiger Aspektierung kann das Thema Geld und Besitz zu einer fixen Idee werden, die Sie ständig umtreibt, ohne daß Sie »soviel« erhalten, wie Ihnen Ihrer Meinung nach zusteht. Spätestens dann wäre es empfehlenswert, sich mit der Karmalehre näher zu beschäftigen. Auf jeden Fall empfindet Pluto im 2. Haus das Bedürfnis, Angelegenheiten von Geld und Besitz selbst zu bestimmen und zu kontrollieren.

In einem höheren Sinne geht es um Werte, Talente und Gaben, die ein Mensch besitzt und/oder erwirbt, die eine bestimmte Macht verleihen. Das kann ein künstlerisches Talent sein, mit dem Sie Menschen bezaubern oder ein Gespür für Werte, die Sie anderen vermitteln können. Es kann Ihr Herz auf wunderbare Weise öffnen, wenn Sie Gaben und

Werte, die Ihnen vom Schöpfer zur Verfügung und »Verwaltung« verliehen wurden, mit anderen freimütig und großherzig teilen.

Pluto im 3. Haus

Was Sie von sich geben, findet Resonanz. Wenn Sie sprechen, kann man Sie selten überhören. Oder ist Ihr Naturtalent, laut und deutlich zu kommunizieren, durch Schicksalsschläge unterdrückt oder verschüttet worden?

Sie sind vielseitig interessiert, oft sogar originell. Sie besitzen die Gabe, Situationen und Menschen richtig einzuschätzen, verborgene Energien und Absichten auszuspüren. Sie können sich gut konzentrieren.

Sie suchen ernsthaft nach Sinn für Ihr Leben und für Leben überhaupt. Geben Sie sich nicht mit oberflächlichen Antworten zufrieden oder mit solchen, die sich nur an den Verstand richten. Sie dürfen und sollten gleichzeitig Ihre Seelenkräfte weiterentwickeln, indem Sie sich auch für solche Bereiche öffnen, die nicht rational erklärbar sind.

Wenn Sie sich künstlerisch und/oder kommunikativ und kreativ ausdrücken, werden Ihnen noch mehr Zusammenhänge bewußt. Der Vorgang des Selbstausdrucks wirkt in sich bereits klärend.

Falls Sie zu allzu großen Würfen und unrealisierbaren Plänen neigen oder immer wieder feststellen, daß sich Ihre Energien in zu vielen Interessen und Projekten verlieren, sollten Sie prüfen, was im Leben für Sie wirklich eine Priorität besitzt. Die richtigen Prioritäten finden Sie dann, wenn Sie Ihren Geist für höhere, spirituelle Inspirationen öffnen!

Pluto im 4. Haus

Sie verfügen über eine reiche Vorstellungskraft und intuitive Fähigkeiten. Sie tragen das Potential in sich, ihre wahre, spirituelle Heimat in Dimensionen jenseits der Materie zu erforschen. Dabei sollten Sie sich vor den Versuchungen magischer Kräfte in Acht nehmen.

Sie sehnen sich nach einer liebevollen und gesicherten Atmosphäre in Heim und/oder Familie, die allerdings Ihren Freiraum nicht einschränken darf. Sie gehen Ihren einmal eingeschlagenen Weg, ohne »gegen« andere zu sein oder sie gar zu »unterdrücken«, aber auch ohne andere groß zu fragen.

Zumindest am Anfang des Lebens haben Sie Ihre Eltern, vermutlich vor allem die Mutter, als besonders dominant empfunden oder gar Machtkämpfe ausgefochten. Manchmal weist der Pluto in diesem Haus auch auf irgendwie gewaltsame Umbrüche im Familienleben hin.

Sie stehen innerlich oft unter Spannung, was sich erst in der zweiten Hälfte des Lebens oder am Lebensabend legen mag. Das führt Sie dazu, über die Grenzen des Geburtsorts und/oder der Tradition hinauszugehen und sich für neue, auch innere, geistige Bereiche zu öffnen.

Pluto im 5. Haus
Sie verfügen über ungewöhnliche Talente und ein einzigartiges schöpferisches Potential sowie über einen gut entwickelten Sinn für Sinnesfreuden. Der Astrologe Paris spricht in »Der Schlüssel zum Horoskop« von »starker Sinnlichkeit« und »leidenschaftlicher Erotik« sowie »vielen Liebesabenteuern« und der »Neigung zum Wechsel des Objektes«, also vom Wechsel von Menschen und Zielen, die das Interesse finden. Die Astrologin Lofthus schreibt zu dieser Plutostellung wörtlich: »Ein Bedürfnis, kreativ zu sein und sexuelle Wünsche zu transformieren. Diese Energie kann in schöpferische Kanäle umgeleitet werden wie Malerei, Tanz, Yoga und so fort. Falls Sex vorherrschend ist, leidet der Horoskopinhaber emotional, mental und physisch.« (Seite 111f, »A Spiritual Approach To Astrology«, Myrna Lofthus, CRCS Publications, Sebastopol, CA, USA 1983.)
In der Beziehung zu Kindern spielen Machtkämpfe eine Rolle; Autorität wird unter Beweis gestellt oder angezweifelt. Wenn solche Fragen auftauchen, sollten Sie sie nicht verdrängen, sondern sich ganz offen einer Klärung stellen. Mitunter bedeutet diese Plutostellung auch »Angst vor Kindern«, also das Gefühl, daß Kinder einem selbst »Macht rauben« könnten. Das Thema Kinder ist »Karma« aus früheren Zeiten, das in diesem Leben verantwortlich angenommen und aufgelöst werden sollte.
Vor Spiel und Spekulation jeglicher Art ist bei Pluto im 5. Haus besonders zu warnen, so sehr der damit verbundene Nervenkitzel und die Aussicht auf die ganz großen Erfolge locken mögen.

Pluto im 6. Haus
Gabe, mit anderen Menschen in einem Team oder als »Kollektiv« gut zusammenzuarbeiten, solange Sie sich selbst dabei nicht »unterjocht« fühlen. Ausdauer, Pflichtgefühl, gute Regenerationskraft, große Kraftreserven sind weitere typische Vorzüge von Pluto im 6. Haus. Vorsicht indes vor extremer Verausgabung und Überschätzung der eigenen Energien.
Sie verfügen über heilerische Fähigkeiten, vor allem dann, wenn Sie mit Ihren Händen arbeiten, zum Beispiel Massage oder Heilgymnastik, Feldenkreis und ähnliches. Sie besitzen auch ein gutes Gespür für richtige Ernährung und die Vorzüge von Lebensmitteln, die Heilwirkungen haben. Eine Kehrseite wäre Hypochondertum, der sprichwörtliche

»eingebildete Kranke«. Auf jeden Fall spielen Gesundheitsfragen für Sie eine wichtige Rolle.
Sie verstehen es, wirklich zu dienen und sich für eine als gut erkannte Sache energisch einzusetzen. Sie sollten darauf achten, sich nicht nervlich überzustrapazieren und sich nicht durch Machtkämpfe am Arbeitsplatz von Ihrem Weg abbringen zu lassen. Versuchen Sie, berufliche Probleme zu verstehen und offen zu besprechen, ohne sich zu verletzender Kritik hinreißen zu lassen, so berechtigt sie auch sein mag. Sie haben alle Möglichkeiten, Großes zu leisten, wenn Sie auch den Alltag als Bewährungsprobe ansehen.

Pluto im 7. Haus

Sie ziehen ungewöhnliche Partner an und werden von außergewöhnlichen Menschen fasziniert – in der privaten Partnerschaft und der Ehe wie im Berufsleben. Diese Menschen sind starke Persönlichkeiten mit einer überdurschnittlichen Ausstrahlung. Für weniger bewußt lebende Menschen können sich aus solchen Verbindungen, wenn sie wirklich eng sind, »Opfer-Täter-Beziehungen« ergeben, in denen Macht und Kontrolle treibende Kräfte der Dynamik einer Partnerschaft sind. Man sehnt sich nach einem »starken« Partner und beklagt sich dann darüber, daß er/sie zu dominant sei.
Myrna Lofthus meint, daß Menschen mit Pluto im 7. Haus die Fähigkeit haben, alle Seiten einer Angelegenheit objektiv zu sehen, was sie zu guten Vermittlern mache. Es sei aber schwierig für sie, enge emotionale Beziehungen aufzubauen. Ernst-Günter Paris spricht von harmonischer Ehe und gutem geistigem Verstehen sowie »schicksalhaften Partnerschaften«.
Diese Plutostellung bedeutet nach meiner Meinung, daß engere Beziehungen immer sehr intensiv erlebt werden und beide Beteiligten diese Intensität oft nicht gleich gut finden. Hingabefähigkeit und Treue liegen dicht neben Eifersucht und Manipulationsstreben.
Um das positive Potential zu nutzen, sollten Sie so oft wie möglich über tatsächliche oder eingebildete Machtansprüche und Erwartungshaltungen, über dominante Verhaltensmuster und mögliche emotionale Verletzungen offen miteinander sprechen. Nur dann lassen sich Tatsachen von Projektionen trennen, nur dann können beide Partner ihr Recht auf Eigenständigkeit in Partnerschaft leben.

Pluto im 8. Haus

Mut und Stärke, ein ausgeprägter Sinn für Werte (einschließlich finanzieller!), ein wacher und kritischer Geist und gute Intuition verbinden

sich bei Pluto im 8. Haus zu einer großen Kraft. Sie sind geeignet, mit Mitteln, Ressourcen, »Rohstoffen«, Finanzanlagen oder anderen Werten in überlegter Weise umzugehen. Sie können aus der Verwaltung »fremder« Werte eigene Macht schöpfen. Das gilt im höchsten Sinne natürlich dann, wenn Sie aus der Erfahrung von schicksalhaften Stirb-und-Werde-Prozessen eine unmittelbare Verbindung mit der höchsten schöpferischen Kraft gefunden haben.
Macht und Magie der Sexualität spielen ebenfalls ein bedeutsame Rolle. Sie fühlen einen starken Drang zur tiefen und intimen Erfahrung der Verbindung mit einem anderen Menschen, spüren gleichzeitig jedoch auch die Risiken, die verborgene Machtthemen dabei mit sich bringen könnten.
Interesse an Metaphysik und den Dimensionen des Übersinnlichen, mitunter mediale Gaben, Faszination durch alles »Geheimnisvolle« – je nach Bewußtseinsentwicklung auf der okkulten Ebene oder echte Suche nach den letzten, spirituellen Urgründen des Seins. Auch heilerische Gaben, besonders durch psychologische Einfühlung und echtes Mitgefühl für die Nöte und Leiden anderer Menschen, befähigen Sie, Ihrem Leben durch verständnisvolle Hilfe Sinn zu geben.

Pluto im 9. Haus

Reiselust, Sehnsucht nach Ausweitung des Horizonts und Streben nach »mehr«, Orientierung ins Ausland. Die amerikanische Industriellentochter und Filmschauspielerin Grace Kelly hatte ihren Pluto im 9. Haus und wurde »Regentin« eines fernen Landes.
Streben nach höheren Erkenntnissen und religiöser Öffnung für geistige Wahrheiten, gute Intuition. Die im Text zum 5. Haus bereits erwähnte Myrna Lofthus spricht sogar von Veranlagung zur Hellsichtigkeit.
Idealismus, Wissensdurst und das aktive bis ehrgeizige Bemühen um ein Fortkommen, auch wenn es bedeutet, daß man in fremde Länder oder in unbekannte geistige Bereiche aufbrechen und sich dort bewähren muß.
Manchmal ist es für Menschen mit dieser Plutostellung besonders schwierig, »Lehrling« auf einem Gebiet zu sein und die Autorität eines/einer Meisters/Meisterin zumindest zeitweise anzuerkennen.
Abenteuerlust, Scheinheiligkeit oder philosophischer Zynismus wären Kehrseiten eines ungünstig aspektierten Pluto.

Pluto im 10. Haus

Sie wirken auf die meisten Menschen kraftvoll bis übermächtig, selbstbewußt bis geltungsbedürftig – wenn Ihr Pluto nicht aus bestimmten

Gründen »ins Exil« verbannt worden sein sollte (zum Beispiel als Reaktion auf eine solche Persönlichkeit in Ihrer Jugend, die Sie abgelehnt haben, weil Sie sich unterdrückt fühlten, und deren Auftreten Sie nun um jeden Preis nicht »imitieren« wollen).
Die Selbstverwirklichung durch Erfolg in der Öffentlichkeit, durch berufliche Karriere, soziale Anerkennung, gesellschaftliche Ehrung und ähnliche Bestätigungen besitzt für Sie einen hohen Stellenwert. Sie spüren, daß Sie sich immer wieder beweisen und behaupten müssen, und Sie haben auch »das Zeug« dazu! Manche Menschen mit dieser Plutostellung müssen aufpassen, nicht als rücksichtslos eingeordnet zu werden.
Sie erfahren in der Außenwelt – meist, aber nicht immer, im Beruf (bei Frauen oft zum Beispiel in der Familie und/oder Partnerschaft!) – die Auswirkungen von Machtwillkür und Anfeindungen (meist von höhergestellten Personen) und mehr als eine totale, mitunter »explosive« Umwälzung von Werten und Strukturen beziehungsweise schmerzhafte Verluste, die Sie allerdings wieder »aufholen« können.
Wenn Sie einerseits die Tugend der Diplomatie pflegen, und andererseits für Ihre guten Rechte auch klar, aber nicht aggressiv eintreten, dann sollten Sie Ihr Potential am besten nutzen können.

Pluto im 11. Haus

Sie opfern häufig (und gern?) Ihre Zeit, Ihre Aufmerksamkeit, Zuwendung, Liebe, Energie und Arbeitskraft für tatsächlich oder vermeintlich höhere Aufgaben, aus sozialer Verantwortung oder ideeller Verpflichtung heraus. Es liegt Ihnen viel an echter Freundschaft, und Sie sind bereit, dafür viel zu geben. Ab und an sollten Sie prüfen, ob Sie ungewollt eine Opferrolle übernehmen, die Sie eigentlich gar nicht mehr spielen wollen – oder ob Sie als Kompensation von anderen viel zuviel erwarten, mehr, als diese anderen geben können. Dann kommt es dazu, daß Sie sich durch »Freunde« schwer enttäuscht sehen. Solche Freunde kommen in Ihr Leben hinein und kehren Ihnen bald wieder den Rücken.
Sie sollten besonders bedacht und sensibel kommunizieren, um nicht mißverstanden zu werden. Vielleicht meinen Sie, daß man Ihnen doch nicht genau zuhört – darin irren Sie sich aber oft. Was Sie sagen, wird genau registriert, und auch deshalb tragen Sie besondere Verantwortung dafür. Sie sollten Ihre Ausdrucksfähigkeit bewußt schulen und weder etwas in Ihre Kommunikation hineinprojizieren lassen noch das selbst mit Aussagen aus der Umwelt tun.

In Gruppen, vor allem in solchen, die sich humanitären, reformerischen oder spirituellen Zielen widmen, können Sie eine gewichtige Rolle übernehmen; vermutlich scheuen Sie, zumindest im ersten Drittel oder in der ersten Hälfte Ihres Lebens davor aber eher zurück. Sie wollen nicht gern im Rampenlicht stehen. Man wird Ihren Einsatz jedoch sehr zu schätzen wissen, und Sie erhalten dadurch die Gelegenheit, etwas von den Ihnen gegebenen Energien und Überzeugungen zu verwirklichen sowie etwas für die Weiterentwicklung einer größeren Gruppe von Menschen zu leisten.

Pluto im 12. Haus

Die schlichte Bemerkung »Auch bei günstiger Stellung ungünstige Wirkung« des von mir sonst geachteten Astrologen Paris halte ich für recht oberflächlich und überholt. Darin schwingt die alte Meinung mit, daß das 12. Haus grundsätzlich ungünstig sei. Das ist es natürlich nicht – es ist genausoviel und genausowenig »wert« wie jedes andere Haus auch. Wie es keine »guten« und »schlechten« Zeichen gibt, so gibt es auch keine guten oder schlechten Häuser und Planeten. Pluto im 12. Haus zeigt an, daß all das, was Pluto symbolisiert, nun am sinnvollsten im Sinne des 12. Hauses eingesetzt werden sollte.

Hier ergibt sich die Herausforderung und Chance, tief in die Schichten des Gemüts und der Psyche einzudringen, Einfühlung und Verständnis für die Art und Weise zu entwickeln, wie Menschen fühlen und denken und warum sie so handeln, wie sie es tun. Pluto im 12. Haus verleiht die Gabe, Menschen als Ganzes zu erfassen, Verhaltensmuster einzelner und vieler zu durchschauen, verborgene Motivationen nahezu osmotisch aufzunehmen, und daraus entsprechende Erkenntnisse zu gewinnen. Sie wirken gern hinter den Kulissen.

Es gibt bei dieser Plutostellung die Gefahr, daß man »geheimes« Wissen, auch übersinnliche, esoterische Einblicke, zu Zwecken der subtilen Manipulation anderer Menschen mißbraucht. Eine Lernaufgabe besonders dieser Plutostellung ist deshalb Demut.

Die vornehmste Aufgabe des Pluto im 12. Haus besteht darin, zunächst selbst die notwendige Transformation vom Ego zum Selbst, von der Begrenztheit der Persönlichkeit zur Unbegrenztheit der Seele zu vollziehen. Danach sollen und können Sie anderen Menschen mit aller Kraft, aber ohne jeden Zwang helfen, ebenfalls den Weg aus der Endlichkeit in die Unendlichkeit, aus der Materie in den Geist zu gehen. Dann wird die ungeheure Macht des Pluto zum allerhöchsten Ziel des Menschen, zu seiner Bestimmung genutzt: zur Selbstverwirklichung!

Pluto in Aspektbeziehungen zu den anderen Planeten

Jeder Planet symbolisiert eine bestimmte Kraft. Wie diese Kräfte aufeinander wirken, ergibt sich durch die sogenannten Aspekte. Aspekte sind Winkelbeziehungen zwischen Planeten, die man im Horoskopbild ablesen kann.

Aspekte sagen etwas darüber aus, wie sich die Planetenkräfte gegenseitig beeinflussen. Wenn es keinen Kontakt zwischen den einzelnen Planeten gibt, so heißt das, daß diese Planeten nichts oder zumindest nicht viel miteinander zu tun haben.

Im Horoskopkreis sind mit farbigen oder schwarzen Strichen zwischen den Planetensymbolen sogenannte Aspekte vermerkt. Auf den Horoskopblättern finden Sie mit oder ohne kleine Winkelsymbole weitere Angaben zu den Aspekten abgedruckt. Die Gradzahlen dieser Winkel geben Aufschluß darüber, ob und falls ja, wie die jeweiligen Planetenkräfte aufeinander wirken, ob sie harmonieren oder herausfordern, antreiben oder beruhigen, etc.

Wenn im Horoskopkreis von 360 Grad zwei Planeten genau an derselben Stelle stehen, nennt man das eine Konjunktion. Wenn sich zwei Planeten genau gegenüberstehen, verwenden wir den Begriff Opposition. Ein Trigon ist ein Aspekt von 120 Grad, und so fort.

Sie finden am Schluß in Klammern einen Hinweis, bei wieviel Grad Abweichung dieser Aspekt immer noch gültig ist. Bei der Konjunktion kann man zum Beispiel auch bei sechs bis acht Grad Abweichung von einer »exakten« Konjunktion noch davon ausgehen, daß es sich um einen Konjunktionsaspket handelt.

Konjunktion 0 Grad

Konzentration von Kräften, die je nach Planeten Spannung oder Kraftverstärkung bedeutet. Aktivität, Wirksamkeit; Koppelung und direkte Berührung! Die Konjunktion ist ein sehr starker Aspekt. (6–8 Grad)

Opposition 180 Grad

Polare Spannung, die zur bewußten Klärung herausfordert; »Begegnungsaspekt«. Bewußtheit, Erkenntnis, Gegenüberstellung, Zwiespalt. Die Opposition ist ein starker Aspekt. (6–8 Grad)

Trigon 120 Grad

Ausgleichende Synthese (die auch träge machen kann); »Produktivitätsaspekt«. Schöpfung, Gestaltung; Harmonie, Einklang. Das Trigon ist ein mittelstarker Aspekt. (5–6 Grad)

Quadrat 90 Grad
Spannung, die zum konstruktiven Umgang auffordert; »Herausforderungs- oder Widerstandsaspekt«. Aufbau, Konstruktion, auch Sperrung. Das Quadrat ist ein starker Aspekt. (5–6 Grad)

Quintil 72 Grad
Kunstsinn und künstlerisches Können, schöpferische Transformation. Das Quintil ist ein schwacher Aspekt. (2 Grad)

Sextil 60 Grad
Harmonischer Aspekt, der eigene Kreativität verlangt bzw. anregt; »Neigungsaspekt«. Heißt auch »kleines Trigon«. Erzeugung, Werk, Verknüpfung; unbeschwerte Freude. Das Sextil ist ein mittlerer bis schwächerer Aspekt. (4–5 Grad)

Halbsextil 30 Grad
Ambivalent; schwächer und bisweilen »schwieriger« als Sextil. Intimität, Berührung oder Entfernung! Das Halbsextil ist ein schwacher Aspekt. (3–4 Grad)

Quincunx 150 Grad
Ambivalent; »Entscheidungs-« oder »Sehnsuchtsaspekt«. Klärung, Bewußtwerdung, »Riß«. Das Quincunx ist ein mittlerer bis schwächerer Aspekt. (4–5 Grad)

Halbquadrat 45 Grad
Ähnlich wie Quadrat, aber meist schwächer. Aktivität; schöpferische Transformation von Spannungskräften.
Das Halbquadrat ist ein mittlerer bis schwächerer Aspekt. (3–4 Grad)

Nonagon 40 Grad
Schöpfung, Gestaltung, Abschluß von Zyklen, Vorbereitung auf Durchbruch zu neuen Dimensionen. Das Nonagon ist ein schwacher Aspekt. (2 Grad)

Nicht aspektierter Planet
Wenn ein Planet keinerlei Verbindung zu mindestens einem anderen Planeten (oder zu mindestens einer wichtigen Achse – Aszendent-Deszendent, Medium coeli-Imum coeli, Mondknotenachse) aufweist, also nicht mit einem der starken oder mittleren Aspekte verbunden ist, so sprechen die Astrologen von einem »isolierten« Planeten. Die durch

den betreffenden Planeten repräsentierte Kraft wirkt wie isoliert; man muß sie bewußt integrieren lernen.
Dieser »Nicht-Aspekt« gilt als mittelstark.

Unter den Namen der Aspekte finden Sie Hinweise wie »stark«, »mittel« oder »schwach«. Es gilt aber auch: je weiter der Aspekt von der gradgenauen Winkelbeziehung entfernt ist, desto schwächer wird er wirken.
Über den »Orbis«, also den Umkreis, wie weit ein Aspekt noch wirkt, wenn die Winkel nicht genau sind, gibt es unter Astrologen unterschiedliche Meinungen. Bei Sonne und Mond geht man von einem größeren Umkreis aus (plus 2 Grad vom Mittelwert), bei den langsamen Planeten wie Neptun und Pluto von einem kleineren (minus 1–2 Grad vom Mittelwert). Bei starken Aspekten läßt man gleichfalls einen größeren Umkreis gelten, bei schwachen Aspekten einen kleineren. Die Zahlen in Klammern spiegeln die persönliche Ansicht des Autors und befinden sich im Vergleich zur astrologischen Fachmeinung etwa im Mittelfeld.
Für unsere Zwecke hier reicht die Aufteilung in drei Beziehungsmuster zu den anderen Planeten, und zwar Energieaspekte, das sind Konjunktionen; Herausforderungsaspekte, das sind Oppositionen und Quadrate; Förderungsaspekte, das sind Trigone und Sextile.
Wir unterscheiden in der Astrologie weiter zwischen zwei Arten von Aspekten. Einmal gibt es Aspekte von Planeten im Geburtshoroskop, die eine Grundlage für Charakter und Schicksal im Geburtshoroskop bilden. Zweitens bilden sich im Verlauf des Lebens zwischen den laufenden Planeten und den Planeten des Geburtshoroskops immer wieder neue bestimmte Aspekte. Diese Aspekte zwischen den laufenden Planeten und Geburtsplaneten sind sogenannte Transite, die sich als zeitlich begrenzte Tendenzen, Herausforderungen und Chancen bemerkbar machen.
Die Aspekte der Planeten in Ihrem Geburtshoroskop entnehmen Sie bitte Ihrem eigenen Horoskopbild bzw. -blatt. Wenn Sie noch kein eigenes Horoskop besitzen, können Sie es zum Beispiel bei Astrodata anfordern; siehe Bestellformular im Anhang.

Eine Anmerkung: Der führende deutsche Astrologe Bernd A. Mertz formuliert teilweise abweichende Deutungen der Aspekte, vor allem zum »Confinis-Aspekt« von 30 Grad. Siehe auch sein ausgezeichnetes systematisches Lehrbuch »Das Grundwissen der Astrologie«, Heyne Taschenbuch 08/9447.

Deutung von Aspekten des Pluto zu den anderen Planeten

Sonne/Pluto: Persönlichkeit und Transformatiom

Kombination von Sonne/Pluto allgemein
Durchsetzungskraft, Machtstreben, Kollektiveinflüsse (zum Beispiel politische Massenbewegungen und Modeströmungen), Macht und Magie, intensiver Einsatz von Energien, ungewöhnliche Herausforderungen, Krise und Transformation, Leben und »Tod«.

Energieaspekt Konjunktion Sonne/Pluto
Die traditionelle Astrologie bewertet diesen Aspekt fast immer pauschal als negativ. Wir finden dann Begriffe wie »Herrschsucht, Nachteile dadurch«, »Unfalltendenz, Krankheit, Lebensgefahr« und dergleichen mehr. Meiner natürlich begrenzten Erfahrung nach gelten vielmehr folgende Schlüsselworte: ein enormes Reservoir an Lebenskräften, das Außenstehenden oft unerschöpflich scheint, überdurchschnittlicher intensiver und anhaltender Einsatz von Persönlichkeitsenergien (zum »Guten« oder zum »Schlechten«), der immanente Wille zur grundlegenden Wandlung, um die Tiefen des Seins auszuloten, auch wenn das letztlich eine Art der Selbstaufgabe, des »Todes« erfordert.
Die Hausposition gibt wichtigen Aufschluß darüber, in welchem Lebensbereich sich diese ungewöhnliche Kräfteballung auswirken wird. In einem insgesamt förderlich aspektierten Geburtsbild gelten auch die nachstehend genannten Hinweise. Bei weniger bewußt lebenden Menschen kommen für die Konjunktion Sonne/Pluto auch die Bemerkungen zur Geltung, die Sie unter den herausfordernden Aspekten finden.

Förderungsaspekte Trigon/Sextil Sonne/Pluto
Ein gut entwickeltes Selbstbewußtsein paart sich mit Entschlossenheit und Tatkraft. Sie können Führungsansprüche durchsetzen; damit geht ein erheblicher Einfluß auf die Umwelt einher. Dabei kommen körperliche und/oder geistige Energien zum Einsatz. Vitale Triebkraft (Pluto ist die »höhere Oktave« des Planeten Mars).

Herausforderungsaspekte Opposition/Quadrat Sonne/Pluto
Hang zur fanatischen Identifikation mit bestimmten Zielen und/oder Gruppen, Begeisterung und intensiver Einsatz für eine Sache oder einen Menschen, ohne mögliche Folgen zu bedenken; Überheblichkeit bzw. Selbstüberschätzung. Konflikte entstehen durch die gleichzeitig

wirksamen Gegensätze von Stolz und Scham, offenem Selbstausdruck und versteckten Bestrebungen, Verachtung und Demut.

Mond/Pluto: Traum und Macht

Kombination von Mond/Pluto allgemein
Das Geben und Nehmen im Bereich der Gefühle spielt die wichtigste Rolle bei dieser Planetenkombination. Mit großer Intensität liebt oder verleugnet man (sich selbst und andere), projiziert oder leidet man, hält fest oder läßt los.

Energieaspekt Konjunktion Mond/Pluto
Emotionen zeigen oder verstecken, sie annehmen oder verdrängen – Sie schwanken oft zwischen extremen Empfindungen und wissen dann nicht, wie Sie sich verhalten sollen. Manchmal ist Ihnen vielleicht noch nicht einmal klar, was Sie eigentlich wirklich fühlen. Sie träumen von totalen Gefühlen und fürchten sich gleichzeitig vor der Macht dieser Gefühle. Nehmen Sie Kontakt auf mit Ihrem »höheren Selbst« bzw. mit Ihrer Seele, zum Beispiel durch Meditation, und lassen Sie sich von einer höheren Ebene aus führen (aber nicht verführen).

Förderungsaspekte Trigon/Sextil Mond/Pluto
Enorme Zielstrebigkeit in der Verfolgung und Erreichung von Gefühlszielen und emotionalen Ansprüchen; intensives Gefühlsleben, auch im Bereich Sexualität und Erotik. Manchmal auch Sentimentalität.

Herausforderungsaspekte Opposition/Quadrat Mond/Pluto
Geht es Ihnen mehr um Macht oder mehr darum, eine schützende Geborgenheit nicht nur zu erleben, sondern auch selbst mit zu gestalten? Soll das Heim nur neu dekoriert werden, oder müssen Sie ein neues Haus bauen, entweder äußerlich oder innerlich, entweder materiell oder emotional? Sie müssen sich einer tiefgreifenden Selbstprüfung unterziehen und dürfen sich nicht von starken eigenen oder fremden Gefühlsaffekten darin beirren lassen, Ihren eigenen Weg zu suchen und zu finden. Auch Eifersucht und verletzte Eitelkeit sowie heftige Gefühlsausbrüche, die man kontrollieren sollte, um nicht sich selbst oder anderen zu schaden.

Merkur/Pluto: Intelligenz und Macht

Kombination von Merkur/Pluto allgemein
Gedankenkontrolle; missionarischer Eifer für eine Sache; Vertrauen und Geheimnisse; Benutzung von Wissen und Überredungskraft; Verstand und Transformation; Geld und Macht.

Energieaspekt Konjunktion Merkur/Pluto
Sie können andere durch Reden oder Schreiben beeinflussen, weil Sie genau und tiefgründig wahrnehmen, was vorgeht und vor allem, warum es geschieht. Sie haben einen fast detektivischen Spürsinn. Ihre hochentwickelte Wachheit führt unter Umständen zu einer nervlichen Belastung. Gönnen Sie sich und Ihrem Verstand Pausen und ab und zu auch Urlaub!

Förderungsaspekte Trigon/Sextil Merkur/Pluto
Gute Beobachtungsgabe und scharfsinnige Kritikfähigkeit; Erfolge mit Sprache und Schrift; diplomatische Klugheit, die ein Ziel verfolgt; Fähigkeit, mittels Intelligenz und Kommunikation wirtschaftliche Erfolge zu erzielen.

Herausforderungsaspekte Opposition/Quadrat Merkur/Pluto
Überhastetes Denken und Sprechen; Widersprüchlichkeit und Ruhelosigkeit. Möglicherweise Überschätzung der eigenen Kräfte und/oder nervliche Überreizung aufgrund zu intensiver Anstrengungen. Konflikte zwischen alten Verhaftungen und mentaler Distanz, alltäglicher Oberflächlichkeit und karmisch notwendiger Vertiefung, Offenlegung von Gedanken und Absichten und deren Verbergung. Diese Konflikte könnten durch bewußte verstandesmäßige Auseinandersetzung mit Themen wie Karma, Reinkarnation und Spiritualität gelöst werden.

Venus/Pluto: Liebe und Macht

Kombination von Venus/Pluto allgemein
Leidenschaftlichkeit und starkes Liebesempfinden; Zusammenhänge zwischen Sex, Geld und Macht; »Codependency« (gegenseitige psychische Abhängigkeiten); Erwartungshaltungen, Projektionen, Besitzansprüche und Konkurrenzdenken in der Liebe; Dankbarkeit; Gefühl des Getriebenseins, Fähigkeit zur tiefgreifenden Transformation – das alles sind wichtige Aspekte des Venus/Pluto-Themas.

Energieaspekt Konjunktion Venus/Pluto
Fanatische Liebe, intensives Eingehen auf den Partner, starke Anziehungskraft, besondere künstlerisch-schöpferische Gaben; ausgeprägtes Verlangen nach sexuell-erotischer Erfüllung; unter Umständen außergewöhnliches finanzielles Geschick.

Förderungsaspekte Trigon/Sextil Venus/Pluto
Ausgeprägte künstlerische Interessen, starkes Triebleben, intensive Wunschvorstellungen, beträchtlicher Sexappeal.

Herausforderungsaspekte Opposition/Quadrat Venus/Pluto
Übersteigertes Triebleben bis hin zur Gefahr von Ausschweifungen und Unsittlichkeit, ungewöhnliche Spannungen im Liebesleben; mitunter Untreue und starke Konflikte in der Partnerschaft. Fanatismus in Kunstfragen. Unter Umständen auch Unterdrückung oder Verdrängung von Liebessehnsucht, sinnlichem Begehren und/oder eigenwilligen künstlerischen Neigungen mit der Folge, daß die Energie blockiert ist.

Mars/Pluto: Instinkt und Macht

Kombination von Mars/Pluto allgemein
Übermenschlich erscheinende Kräfte; Erfolge durch übermäßige Anstrengungen.

Energieaspekt Konjunktion Mars/Pluto
Machtwillen, Machtkämpfe (vor allem mit männlichen Personen oder mit einem Kollektiv), Gewalt, Schmerz, Wut, Sexualität, Drama.

Förderungsaspekte Trigon/Sextil Mars/Pluto
Fähigkeit, langfristige Strategien zu entwickeln und durchzuhalten; Nutzung von allgemeinen Entwicklungstendenzen in der Gesellschaft durch das Individuum.

Herausforderungsaspekte Opposition/Quadrat Mars/Pluto
Konflikt zwischen Vergangenheit und Zukunft, Anfang und Ende, Freiheit und Bindung, Aufbau und Zerstörung.

Jupiter/Pluto: Sinn und Macht

Kombination von Jupiter/Pluto allgemein
Die glückbringende Kraft der Entfaltung und des Lebenssinns verbin-

det sich mit der machtvollen Stärke der totalen Persönlichkeitswandlung, des Durchsetzungswillens und der Beeinflussung des Individuums durch kollektive Lebensbedingungen. Hier kommt es also sehr darauf an, inwieweit der Mensch, für den wir astrologische Aussagen treffen wollen, noch eher unbewußt ist und den Kollektiveinflüssen unterliegt oder bewußt entwickelt ist und deshalb auch Wandlungsprozesse annehmen kann, die für das Ego eher schmerzlich sind. Thema dieser Planetenverbindung ist auch der religiös oder spirituell fundierte Umgang mit Geburt und Tod und Wiedergeburt sowie mit Karma und Jenseits und mit Gefühlen von Schuld und Sühne.
Weil Pluto sehr langsam läuft, sind Jupiter/Pluto-Aspekte grundsätzlich Konstellationen, die ganze Generationen erfassen. (Das gilt bekanntlich in gewissem Maß auch für die anderen langsam laufenden Planeten.)

Energieaspekt Konjunktion Jupiter/Pluto
Überdurchschnittliche Anziehungskraft, auch für materiellen Besitz; Führungsqualitäten, Machtstreben und Machtentfaltung; mitunter ein Schuß Fanatismus. Organisierung von Massenbewegungen oder auch Ausbeutung von Menschen(massen).
Bevor ich diese Sätze zum Energieaspekt Jupiter/Pluto in den Computer tippen konnte, fiel dieser aus, weil ein »Experte« noch irgend etwas ganz Besonderes mit einbauen wollte und des Guten zuviel tat. Auch das könnte eine Metapher für die Konjunktion dieser Planeten sein: unbedingt das Schönste, Beste und Größte erreichen wollen, koste es, was es wolle. Daß man dann Rückschläge hinnehmen muß, versteht sich von selbst.

Förderungsaspekte Trigon/Sextil Jupiter/Pluto
Geistige Interessen verbinden sich günstig mit einem Drang nach Wissen und der Kraft, auch über längere Zeit hinaus an einer Sache »dran zu bleiben«. Diese Konstellation »verleiht« enorme Kräfte, sich für eine als richtig erkannte Sache einzusetzen. Der Sinn für kollektive gesellschaftliche, politische, wirtschaftliche, kulturelle und spirituelle Veränderungen ist stark entwickelt. Dabei weiß man die eigene Unabhängigkeit vom Massengeschmack und den Massenanliegen wohl zu wahren.

Herausforderungsaspekte Opposition/Quadrat Jupiter/Pluto
Konflikte wollen gelöst werden, wenn folgende polare Neigungen des Menschen gleichberechtigt nach Verwirklichung drängen: geistiger

Sinn und Kollektivwerte, Zukunft und Vergangenheit, Freiheit und Bindung, Offenheit und Geheimhaltung. Man neigt wohl etwas zu Übertreibungen oder zu Abenteurertum und muß deshalb mit selbstverschuldeten Angriffen, Verlusten oder Niederlagen rechnen.

Saturn/Pluto: Verantwortung und Macht

Kombination von Saturn/Pluto allgemein
Enorme Arbeitsbelastungen, Ansprüche oder Herausforderungen; Vorsicht vor Grausamkeit oder einem Abgleiten in eine überwiegend negative Lebenshaltung.

Energieaspekt Konjunktion Saturn/Pluto
Man erlebt sich als Mit-Träger eines kollektiven Schicksals; das Verhältnis zwischen Sexualität und Macht spielt eine wichtige Rolle; Machtansprüche.

Förderungsaspekte Trigon/Sextil Saturn/Pluto
Realistische Einschätzung der Konsequenzen von Handlungen; positiver innerer Bezug zu Jenseitsfragen und Stirb-und-Werde-Prozessen; Bereitschaft zur seelischen Transformation; Konzentrationsfähigkeit.

Herausforderungsaspekte Opposition/Quadrat Saturn/Pluto
Probleme ergeben sich aus dem Zwiespalt zwischen dem Wunsch nach Selbstbestimmung und dem größeren Schicksal oder Karma, zwischen äußerer Autorität und innerer Überzeugung, zwischen (Angst vor dem) Tod und (Gewißheit über) Unsterblichkeit.

Uranus/Pluto: Plötzlicher Umbruch und grundlegende Transformation

Kombination von Uranus/Pluto allgemein
Selbstbewußtsein und Durchsetzungskraft, Sturz des Alten und Aufbau des Neuen, Individuum und Kollektiv. Persönliche Interpretationen sind vor allem dann möglich, wenn es sich um Uranus/Pluto-Aspekte an der AC-DC- oder MC-IC-Achse handelt oder im Aspekt zu Sonne, Mond, Merkur, Venus und Mars.

Energieaspekt Konjunktion Uranus/Pluto
Durchbruch in Wissenschaft und Medizin, Revolution in Heilweisen und metaphysischen Konzepten, soziale Revolution und – hoffentlich –

Öffnung für höhere, spirituelle Werte oder umfassende Vermassung und Industrialisierung der Menschen. Waghalsigkeit.

Förderungsaspekte Trigon/Sextil Uranus/Pluto
Widerstandskraft und Fähigkeit, schwierige Herausforderungen anzunehmen, schöpferische Selbstbehauptung, Gestaltungskraft; auch die positiven Merkmale, die bei der Konjunktion genannt wurden.

Herausforderungsaspekte Opposition/Quadrat Uranus/Pluto
Unbeherrschtheit, Ungeduld, Gewalttätigkeit, Umsturz, Unglücksfälle, Unfälle, Starrsinn, Zersplitterung; aber auch die positiven Merkmale, die bei der Konjunktion genannt wurden.

Neptun/Pluto: Sehnsucht nach Einheit und tiefgreifende Transformation

Zwischen Neptun und Pluto gibt es in Geburtshoroskopen unseres Jahrhunderts als wichtigeren Aspekt nur das Sextil. Aufgrund der besonderen Umlaufbahn und Umlaufcharakteristik des Pluto im Verhältnis zum Neptun ergab und ergibt sich dieses Sextil mehrere Male über lange Zeiträume hinweg. Dieser Aspekt betrifft daher vor allem das »Karma der Welt«. Beide Planeten sind am Rande unseres Sonnensystems und bilden damit eine Art Übergang oder Brücke zum Kosmos.
»Die Menschheit muß die Gelegenheit nutzen, um universelle Liebe (Neptun) kraftvoll auszudrücken und das ungeheure plutonische Potential voll und schöpferisch zu nutzen, das die Wissenschaft zur Verfügung gestellt hat.«
Das schreiben die Astrologen Sakoian und Acker.

Pluto/Pluto
Dieser Aspekt existiert nur beim Partnervergleich. In den Transiten kommt es im Verlauf eines durchschnittlichen Menschenlebens zu einem Halbsextil, einem Halbquadrat, einem Sextil und einem Quadrat. Die Deutung muß ganz am individuellen Horoskop erfolgen.

Mondknoten/Pluto

Kombination von Mondknoten/Pluto allgemein
Macht und Karma, Wege zur Transformation, die Magie des scheinbar festgelegten Schicksals.

Energieaspekt Konjunktion des Pluto mit aufsteigendem Mondknoten
Eine starke und bewußte Auseinandersetzung mit Themen von Tod und Transformation, die Sie am Ende wie neu- und wiedergeboren sieht. Bei unbewußten Menschen ein »Ausgeliefertsein« an herrschende Meinungen und gängige Moden.

Energieaspekt Konjunktion des Pluto mit absteigendem Mondknoten
Das Bedürfnis, in der kollektiven oder persönlichen Vergangenheit »aufzuräumen«, Karmaschutt abzutragen, Klarheit zu gewinnen über vergangene Ursachen heutiger Umstände. Bei unbewußten Menschen oft eine unkritische Übernahme alter theologischer oder gesellschaftlicher Dogmen und eine fanatische kollektive Durchsetzung vermeintlicher Rechte.

Förderungsaspekte Trigone/Sextile des Pluto zur Mondknotenachse
Sie haben reichlich Energie, um Ihre Ziele anzustreben und durchzusetzen. Sie spüren oder wissen, was Ihre legitimen Ich-Vorlieben sind und was die vom Schicksal gestellten Aufgaben. Sie erfüllen sich Ihre Vorlieben und haben doch noch genug Kraft, um Ihre karmischen Lektionen zu bewältigen.

Herausforderungsaspekte Quadrate des Pluto zur Mondknotenachse
Beschäftigung mit Themen von Macht und Magie. Krasse Ablehnung oder übertriebene Verfolgung von Machtinteressen bzw. okkulten Zielen. Man erfährt Zwänge oder übt sie aus. Probleme mit der Sexualität. Chance: Schauen Sie sich eigene und soziale (Vor-)Urteile genau an, und entscheiden Sie selbst, ob sie gerechtfertigt sind oder nicht, ob sie human sind oder nicht, ob sie der spirituellen Entwicklung dienen oder nicht.
Gerade bei Pluto/Mondknoten-Aspekten handelt es sich praktisch um Generationsaspekte; die Deutungshinweise sollten also keinesfalls zu individuell gesehen werden. Sie beziehen sich eher auf gesamtgesellschaftliche Trends.

Pluto/AC-DC

Energieaspekt Konjunktion Pluto/AC
Streben nach Selbstverwirklichung, auch wenn das höchsten Krafteinsatz erfordert, Willensstärke; Durchsetzungsfähigkeit, Ehrgeiz, eventuell Machtstreben; ungewöhnliche, faszinierende bzw. schillernde Persönlichkeit; vielleicht Selbstüberschützung.

Energieaspekt Konjunktion Pluto/DC
Begegnungen und persönliche Beziehungen und/oder Geschäftspartnerschaften mit Menschen, die energisch und oft bestimmend sind; ein Lernthema kann sein, sich gegenüber Beherrschungsversuchen durch übermächtige Persönlichkeiten durchzusetzen; in das Gegenüber wird Stärke projiziert, welche die Eigenverantwortung aushöhlt; vielleicht Selbstunterschätzung.

Förderungsaspekte Sextil/Trigon Pluto/AC-DC-Achse
Starkes und dabei ausgeglichenes Selbstwertgefühl; Einsatzfreude gepaart mit der Kraft, auch hohe Ziele anzupeilen und Pläne zu Ende zu führen; man ist in der Lage, die eigenen Interessen zu verfolgen und gleichzeitig den anderen ebenfalls etwas gelten zu lassen.

Herausforderungsaspekt Quadrate Pluto/AC-DC-Achse
Spannungen zwischen Selbstbild und Partnerbild; Neigung zur Heftigkeit und übertriebenen oder extremen Reaktionen in persönlichen Auseinandersetzungen; tiefreichende Veränderung der Lebensverhältnisse. Quadrate zur AC/DC-Achse sind oft Konjunktionen zum MC oder zum IC.

Pluto/MC-IC

Energieaspekt Konjunktion Pluto/MC
Karrierebewußtsein, Drang »nach oben«, Suche oder Sucht nach Erfolg, Ruhm und Anerkennung, manchmal mit einer Tendenz zur Rücksichtslosigkeit; in die Öffentlichkeit streben und im eigenen Einflußbereich »herrschen« oder sich durch Vorgaben bzw. Zwänge der Öffentlichkeit beherrscht fühlen; bei weniger bewußt lebenden Menschen unter Umständen auch spirituelle Oberflächlichkeit; Vorsicht vor Umschwüngen in der Massenmeinung oder im Kollektiv, die zum Fall führen könnten; dominanter Vater.

Energieaspekt Konjunktion Pluto/IC
Vor allem im ersten Drittel des Lebens erfährt man die Familie oft als schwere Prüfung, erst im dritten Drittel erlangt man wahre Unabhängigkeit von überkommenen, vererbten, anerzogenen oder tradionell bestimmenden Einstellungen und Verhaltensmustern; Offenheit für Impulse aus den Schichten des Unterbewußtseins und des Unbewußten; Gefühl für Grundbesitz und Land, für Heim und Heimat, die Geborgenheit und Schutz vermitteln; dominante Mutter.

Förderungsaspekte Sextil/Trigon Pluto/MC-IC-Achse
Innere und äußere Formen der Selbstverwirklichung halten sich die Waage, beide werden mit Eifer und Zähigkeit, mit Weitblick und Durchsetzungsvermögen verfolgt; man entwickelt ein Gespür dafür, sich weder durch beruflichen Erfolg noch durch Familie und Sitte festlegen und binden zu lassen, sondern wertvolle Motivationen aus beiden Bereichen miteinander zu verknüpfen.

Herausforderungsaspekt Quadrate Pluto/MC-IC-Achse
Unsicherheiten in bezug auf den Lebenssinn: liegen die wahren Werte in der inneren Erfahrung geistiger Ebenen oder in der äußeren Manifestation eigener Kräfte? Lebenskrisen durch Konfrontation mit eigenem oder fremdem Machtmißbrauch; mitunter Waghalsigkeit und rebellisches Verhalten.
Quadrate zur MC-IC-Achse sind oft Konjunktionen zum AC oder zum DC.

Was steht im Horoskop bis zur Jahrtausendwende?
Ein Planetenkalender für 1994 bis 2000

In diesem Abschnitt finden Sie bildhafte Übersichten zum Lauf der Planeten während jedes Vierteljahres von 1994 bis 2000. Diese Grafiken sollen dazu dienen, daß Sie auf einen Blick erkennen können, wo sich die Planeten jeweils befinden und welche Aspekte zu erwarten sind zwischen den laufenden Planeten und Ihrer Sonne sowie zwischen allen laufenden Planeten selbst.

Die Übersichten sind folgendermaßen aufgebaut:

- In der Mitte steht, für welche Zeit die Grafik gilt.
- Im Ring stehen die Namen der Tierkreiszeichen. Sie finden Markierungen für jeweils 30 Grad.
- Vollmond und Neumond sind als Kreise notiert; der leere Kreisring steht für Vollmond, der vollschwarze Kreis für Neumond. Die Zahlen geben das Datum an.
- Innerhalb des Rings mit den Tierkreiszeichen finden Sie die Bahnen für Sonne, Merkur, Venus und Mars.
- Innerhalb, falls der Platz reicht, oder außerhalb, sind die Planetenstände von Jupiter und Saturn vermerkt sowie die beiden Mondknoten.
- Immer außerhalb des Rings mit den Tierkreiszeichen finden Sie Uranus, Neptun und Pluto.
- Wenn ein Pfeil »gegen« den Tierkreis zeigt, ist der Planet »rückläufig« (was manchen Astrologen entweder als innen-bezogen, vertieft oder gehemmt gilt). Die Mondknoten laufen bekanntlich immer »rückwärts«.
- Wenn kein Pfeil markiert ist, bleibt der betreffende Planet in diesem Zeitraum auf einer Stelle.
- Ende und Spitze der Pfeile geben die Planetenposition am ersten und am letzten Tag des jeweiligen Vierteljahres an.

Wir haben keine Gradzahlen in diese Grafiken eingetragen, damit sie so übersichtlich wie möglich bleiben. Sie können die Gradzahlen anhand der Markierungen selbst ablesen: der Anfang eines Tierkreiszeichens ist immer 0 Grad, das Ende 30 Grad.

Wichtige Aspekte der laufenden Planeten untereinander
Konjunktion (0 Grad), Opposition (180 Grad), Quadrat (90 Grad) und Trigon (120 Grad) gelten als die wichtigsten Aspekte. Bei Beteiligung von Jupiter, Saturn, Uranus, Neptun, Pluto und Mondknoten kann man das Sextil (60 Grad) noch dazurechnen. Sie können anhand der 30-Grad-Markierungen innerhalb der zwölf Tierkreiszeichen die Aspekt-Abstände selbst ablesen.

Für alle Aspekte zwischen Geburtsplaneten und laufenden Planeten sowie für die Aspekte der laufenden Planeten untereinander trifft zu, daß sie ihre »Wirkung« nicht unbedingt an dem Tag entwickeln, an dem der Aspekt exakt wird, also genau die Gradzahl 0, 90, 120 etc. einnimmt, sondern auch früher und/oder später. Persönlich unterschiedlich kann sich ein Aspekt schon bei 5–10 Grad Abstand der Planeten bemerkbar machen oder erst bei 1–2 Grad.

Allgemein kann man sagen, daß

- Aspekte von Sonne, Mond, Merkur, Venus und Mars untereinander nur einen oder wenige Tage wirken;
- Aspekte von Sonne, Mond, Merkur, Venus und Mars zu Jupiter, Saturn, Uranus, Neptun, Pluto und den Mondknoten etwa eine Woche wirken;
- Aspekte von Jupiter, Saturn, Uranus, Neptun, Pluto und den Mondknoten untereinander etliche Wochen wirken können. Diese Aspekte bilden sich selten, da diese »Langsamläufer« seltener über die Aspektpunkte laufen.

Siehe auch das Kapitel über Aspekte ab Seite 59.

In den Heyne Planetenbüchern zur Sonne und zum Mond sind übrigens keine Deutungen für die Transitaspekte vermerkt, weil beide Lichter als ausgesprochene »Schnelläufer« jedes Jahr (Sonne) bzw. jeden Monat (Mond) zu allen anderen Planeten immer wieder alle denkbaren Aspektkonfigurationen bilden. Die Aussagekraft ist damit sehr gering. Wenn jedoch wichtige Sonnen- und Mondaspekte – also vor allem Konjunktion, Opposition und Quadrat – mit Aspekten der »Langsamläufer« (von Jupiter bis Pluto) untereinander zusammenfallen, dann kann es durchaus zu einer Verstärkung bzw. Akzentuierung kommen. Sehen Sie dazu die Aspektübersichten mit Kurzdeutung nach, die in den anderen Heyne Planetenbüchern erschienen sind.

In diesem Buch über den Pluto sind nur die wirklich wichtigen Aspekte vermerkt und mit kurzen Deutungshinweisen versehen. Das sind Aspekte von Mars, Jupiter, Saturn, Uranus, Neptun und der Mondknotenachse zum Pluto.

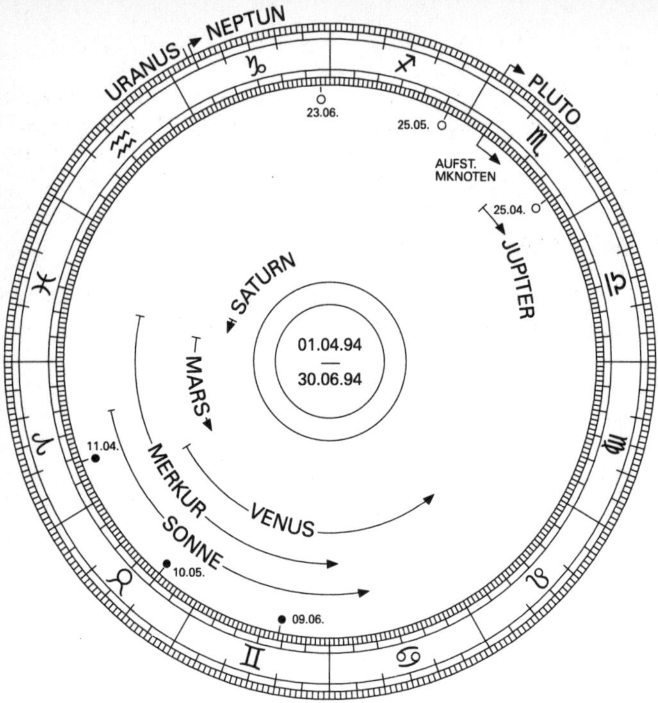

1.4.1994 – 30.6.1994

Sonne	12 Grad Widder	Jupiter R	14 Grad Skorpion
Mondknoten	25 Grad Skorpion	Saturn	8 Grad Fische
Merkur	17 Grad Fische	Uranus	26 Grad Steinbock
Venus	30 Grad Widder	Neptun	24 Grad Steinbock
Mars	20 Grad Fische	Pluto R	28 Grad Skorpion

25.4. Neptun	R	24 Grad Steinbock
30.4. Uranus	R	27 Grad Steinbock
12.6. Merkur	R	9 Grad Krebs
23.6. Saturn	R	13 Grad Fische

Wichtige Plutoaspekte II/1994

11.4. Mars Trigon Pluto

Individuelle und kollektive Ansprüche können jetzt besser als zuvor in Übereinstimmung gebracht werden. Eine günstige Zeit für einsatzfreudige und mutige Menschen, ihr Schicksal bewußt und aktiv selbst zu gestalten.

27.6. Mars Opposition Pluto

Soziale Krisenstimmung, militärische Spannungen und unbedachte, voreilige Politiker sorgen für gefährlichen Zündstoff.

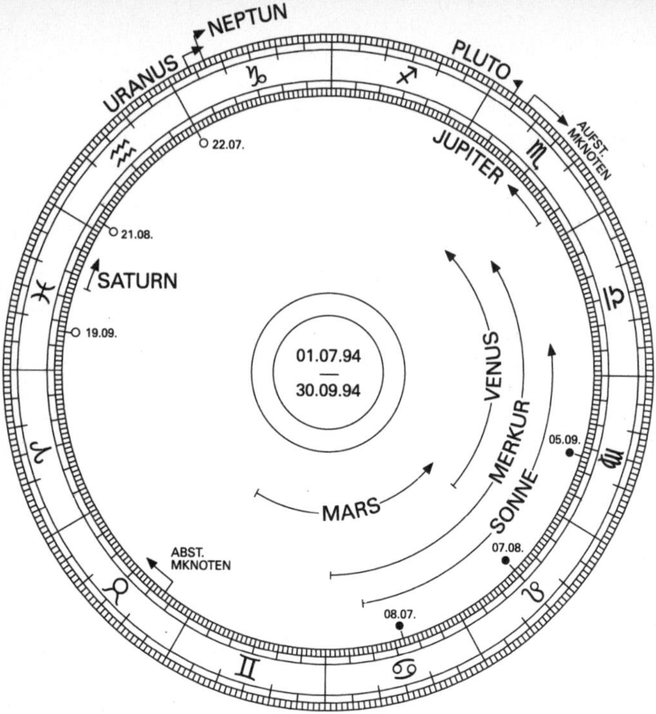

1.7.1994 – 30.9.1994

Sonne	9 Grad Krebs	Jupiter R	5 Grad Skorpion
Mondknoten	23 Grad Skorpion	Saturn R	12 Grad Fische
Merkur R	1 Grad Krebs	Uranus R	26 Grad Steinbock
Venus	19 Grad Löwe	Neptun R	23 Grad Steinbock
Mars	28 Grad Stier	Pluto R	26 Grad Skorpion

6.7. Merkur D 30 Grad Zwillinge
2.7. Jupiter D 5 Grad Skorpion
5.8. Pluto D 26 Grad Skorpion

27.9. Mars Trigon Pluto

Die Sterne stehen günstig für Sport aller Art, körperlichen Einsatz oder Fitneßkuren, auch für Abenteuer. Neue Kraft für die Liebe!

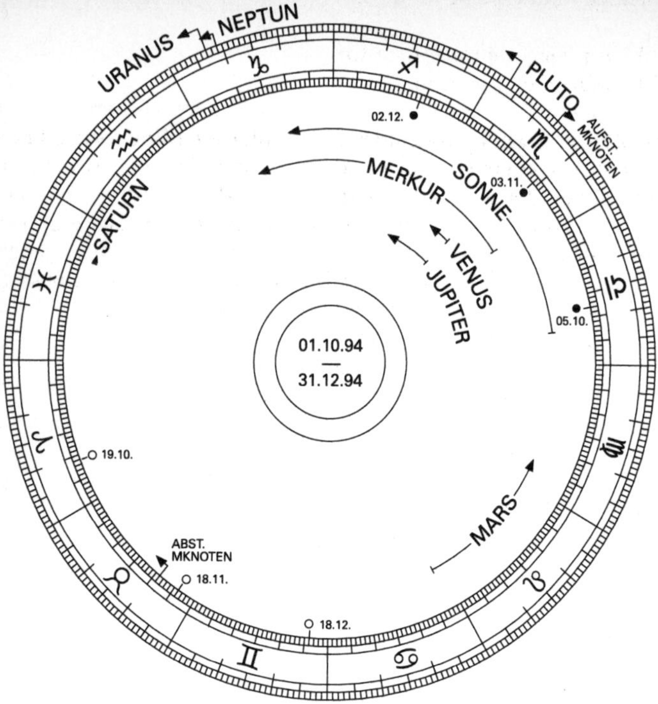

1.10.1994 – 31.12.1994

Sonne	8 Grad Waage	Jupiter	16 Grad Skorpion
Mondknoten	16 Grad Skorpion	Saturn R	7 Grad Fische
Merkur	4 Grad Skorpion	Uranus R	23 Grad Steinbock
Venus	16 Grad Skorpion	Neptun R	21 Grad Steinbock
Mars	28 Grad Krebs	Pluto	27 Grad Skorpion

2.10.	Uranus	D	23 Grad Steinbock
2.10.	Neptun	D	21 Grad Steinbock
9.10.	Merkur	R	7 Grad Skorpion
30.10.	Merkur	D	21 Grad Waage
9.11.	Saturn	D	6 Grad Fische

2.12. Jupiter Konjunktion Pluto
7.12. Mars Quadrat Pluto

Die Zeit von Ende November bis zumindest Mitte Dezember wird schließlich von einem Aspekt bestimmt, der sich nur etwa alle zwölf Jahre bildet, der Konjunktion zum Pluto. »Sinn und Macht«, »Ideale und Transformation«, »Religion und Magie« sowie »Heilung und Regeneration« sind einige Stichworte zu dieser Konstellation. Jetzt können Sie erfahren, was es heißt, seine Kräfte auf sinnvolle Ziele auszurichten und spirituelle Fortschritte zu machen.
Weltpolitisch ist eine (letzte?) Chance gegeben, humanistischen Geboten zum Durchbruch zu verhelfen.

Das Marstrigon bringt kleine Freuden, gute und dabei ausgeglichene Energien und Enthusiasmus.

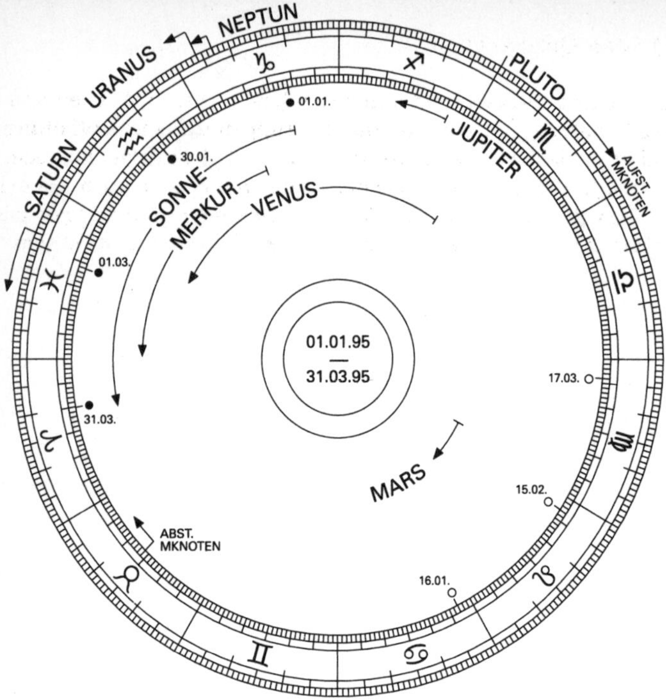

1.1.1995 – 31.3.1995

Sonne	11 Grad Steinbock	Jupiter	5 Grad Schütze
Mondknoten	14 Grad Skorpion	Saturn	8 Grad Fische
Merkur	21 Grad Steinbock	Uranus	26 Grad Steinbock
Venus	24 Grad Skorpion	Neptun	23 Grad Steinbock
Mars	3 Grad Jungfrau	Pluto	30 Grad Skorpion

26.1. Merkur R 22 Grad Wassermann
16.2. Merkur D 6 Grad Wassermann
4.3. Pluto R 1 Grad Schütze

Wichtige Plutoaspekte I/1995

22.1. Mars Quadrat Pluto

Der einzelne Mensch wird sich besonders in diesen Wochen von der Gesellschaft als ganzem oder durch Gruppen in seiner Entfaltung behindert fühlen. Da der Mars rückläufig ist, kann das entweder zu einem introvertierten Rückzug der Energien führen oder zu einem heftigen, explosiven Ausbruch. Vor »rebellischen« Befreiungsschlägen und unüberlegten Reaktionen muß ausdrücklich gewarnt werden.

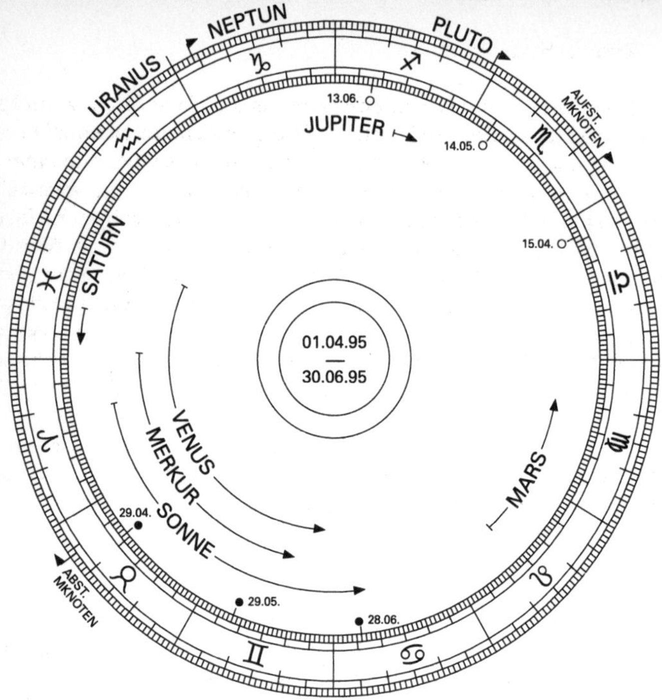

1.4.1995 – 30.6.1995			
Sonne	11 Grad Widder	Jupiter R	16 Grad Schütze
Mondknoten	6 Grad Skorpion	Saturn	19 Grad Fische
Merkur	28 Grad Fische	Uranus	30 Grad Steinbock
Venus	5 Grad Fische	Neptun	26 Grad Steinbock
Mars	14 Grad Löwe	Pluto R	1 Grad Schütze

1.4.	Jupiter	R 16 Grad Schütze
27.4.	Neptun	R 26 Grad Steinbock
5.5.	Uranus	R 1 Grad Wassermann
24.5.	Merkur	R 19 Grad Zwillinge

11.4. Uranus Sextil Pluto

In diesem Monat ist das Sextil des Uranus im Wassermann zum Pluto im Schützen besonders zu beachten. Es ergibt sich nur zweimal in rund 84 Jahren und in diesen beiden Zeichen noch viel seltener. In einer positiven Deutung kann man von einem unerwarteten schöpferischen und geistigen Durchbruch in bezug auf gesellschaftliche Ziele und Ideale sprechen. Die Kollektivkräfte des Pluto erfahren im Schützen potentiell eine spirituelle Ausrichtung – vielleicht kommt es gar zu einem massenhaften Bewußtseins-Quantensprung? –, und die Uranusenergien im Wassermann kennzeichnen die endgültige Überwindung von erstarrten Dogmen und Traditionen sowie den nicht mehr umkehrbaren Aufbruch des Menschen in eine neue Bewußtheit und zu einer neuen Identität.
Das Uranus/Pluto-Thema wirkt einige Zeit und führt sicherlich dazu, daß man sich auch im persönlichen Rahmen energisch herausgefordert fühlt, Selbstbild und Weltbild zu überprüfen.

23.5. Mars Quadrat Pluto

Der Mars ist inzwischen wieder direktläufig, deshalb bildet sich das Quadrat erneut, das wir im I. Quartal erlebt haben. Auch jetzt gilt: Vorsicht vor Gewalttaten auf der weltpolitischen Bühne.

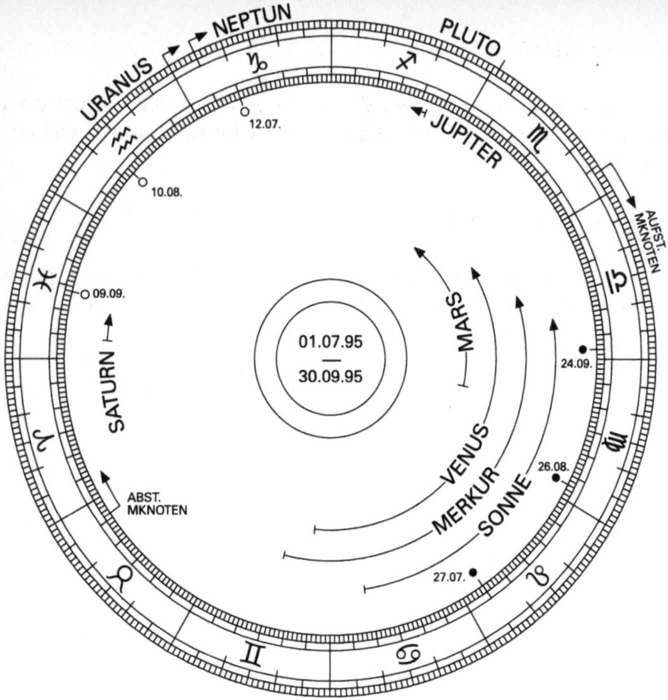

1.7.1995 – 30.9.1995

Sonne	9 Grad Krebs	Jupiter R	8 Grad Schütze
Mondknoten	4 Grad Skorpion	Saturn	25 Grad Fische
Merkur R	17 Grad Zwillinge	Uranus R	30 Grad Steinbock
Venus	25 Grad Zwillinge	Neptun R	25 Grad Steinbock
Mars	19 Grad Jungfrau	Pluto R	29 Grad Skorpion

17.6.	Merkur	D 10 Grad Zwillinge
6.7.	Saturn	R 25 Grad Fische
2.8.	Jupiter	D 6 Grad Schütze
8.8.	Pluto	D 28 Grad Skorpion
22.9.	Merkur	R 21 Grad Waage

Wichtige Plutoaspekte III/1995

17.7. Mars Sextil Pluto

Eine Verschnaufpause, in der die Kräfte schöpferisch wirken können, wie von leichter Hand gelenkt. Positive Überraschungen stehen uns bevor.

7.8. Uranus Sextil Pluto

Was im II. Quartal 1995 über das Uranus-Pluto-Sextil steht, gilt auch jetzt wieder. Zu dieser Aspektwiederholung kommt es, weil der Uranus zeitweise rückläufig ist.

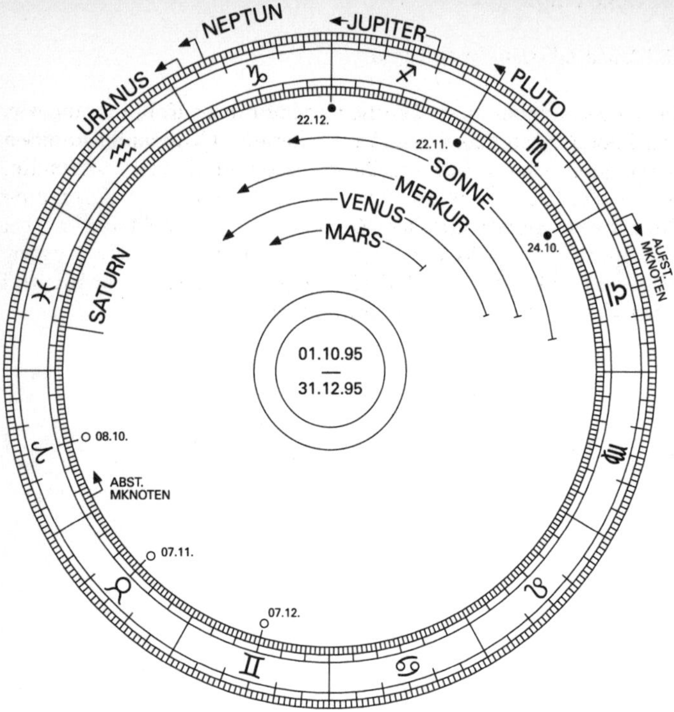

1.10.1995 – 32.12.1995

Sonne	8 Grad Waage	Jupiter	11 Grad Schütze
Mondknoten	27 Grad Waage	Saturn R	21 Grad Fische
Merkur R	16 Grad Waage	Uranus R	27 Grad Steinbock
Venus	19 Grad Waage	Neptun R	23 Grad Steinbock
Mars	17 Grad Skorpion	Pluto	29 Grad Skorpion

5.10. Neptun D 23 Grad Steinbock
6.10. Uranus D 27 Grad Steinbock
14.10. Merkur D 5 Grad Waage
21.11. Saturn D 18 Grad Fische

18.10. Mars Konjunktion Pluto

Der Mars bildet in dieser Woche nicht nur diese Konjunktion, sondern gleichzeitig Sextile zu Uranus und Neptun. Originalität und Sensibilität paaren sich mit Tatkraft. Die Plutokonjunktion ist zwiespältig: entweder handelt es sich jetzt um eine tiefgreifende Transformation des Bewußtseins wirklich vieler Menschen oder es geht um die brutale Durchsetzung von Machtansprüchen. In der Politik müssen wir mit letzterem rechnen, in esoterischen und spirituellen Gruppen dürfen wir auf einen geistigen Durchbruch hoffen.

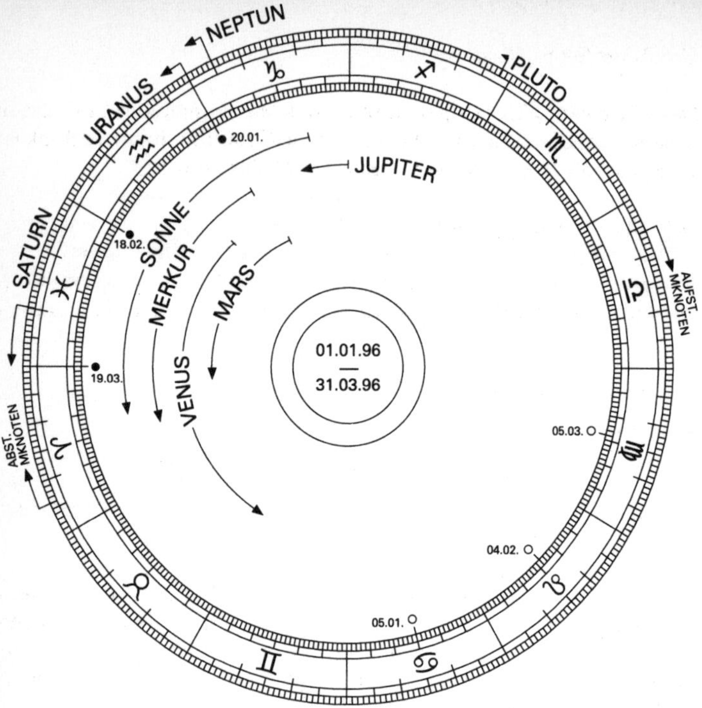

1.1.1996 – 31.3.1996

Sonne	10 Grad Steinbock	Jupiter	30 Grad Schütze
Mondknoten	24 Grad Waage	Saturn	20 Grad Fische
Merkur	29 Grad Steinbock	Uranus	30 Grad Steinbock
Venus	13 Grad Wassermann	Neptun	25 Grad Steinbock
Mars	25 Grad Steinbock	Pluto	2 Grad Schütze

9.1.	Merkur	R	6 Grad Wassermann
30.1.	Merkur	D	20 Grad Steinbock
5.3.	Pluto	R	4 Grad Schütze

11.1. Mars Sextil Pluto

Das Marssextil fällt fast genau mit einer Marskonjunktion mit Uranus zusammen. Das bedeutet Chancen sowie Gefahren durch Technik und Wissenschaft sowie kraftvoller Einsatz, Neues zu wagen.

19.2. Mars Quadrat Pluto

Sie sollten in dieser Woche nicht unnötig impulsiv reagieren und Ihren vielleicht wohlbegründeten Zorn zügeln. So vermeiden Sie unnötigen Ärger.

9.3. Uranus Sextil Pluto
28.3. Mars Trigon Pluto

Was im II. Quartal 1995 über das Uranus-Pluto-Sextil steht, gilt auch jetzt wieder. Zu dieser Aspektwiederholung kommt es, weil der Uranus zeitweise rückläufig ist.

Das Mars-Pluto-Trigon hat eine ähnliche Wirkung wie das Mars-Pluto-Sextil vom 11.1., zumal sich der Uranusaspekt ebenfalls wieder bildet. Insgesamt ist diese Woche jedoch günstiger und voraussichtlich ohne die Gefahrenmomente, welche die Januarkonstellationen mitbestimmen.

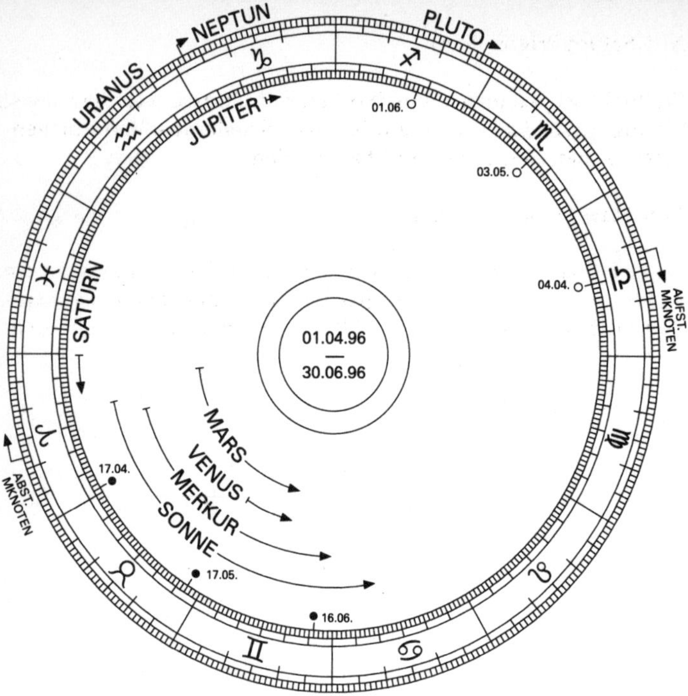

1.4.1996 – 30.6.1996

Sonne	12 Grad Widder	Jupiter	16 Grad Steinbock
Mondknoten	18 Grad Waage	Saturn	30 Grad Fische
Merkur	16 Grad Widder	Uranus	4 Grad Wassermann
Venus	28 Grad Stier	Neptun	28 Grad Steinbock
Mars	6 Grad Widder	Pluto R	3 Grad Schütze

29.4.	Neptun	R 28 Grad Steinbock
3.5.	Merkur	R 29 Grad Stier
8.5.	Uranus	R 5 Grad Wassermann
20.5.	Venus	R 29 Grad Zwillinge
27.5.	Merkur	D 20 Grad Stier
1.6.	Jupiter	R 17 Grad Steinbock

Wichtige Plutoaspekte II/1996

28.4. Saturn Trigon Pluto

Weltpolitisch können diese Wochen vernünftige Verträge zwischen bislang zerstrittenen Ländern bringen. Stabile neue Grundlagen, um einer veränderten Lage gerecht zu werden.

14.6. Mars Opposition Pluto

Erneute Spannungen zwischen Streben nach Eigennutz und Gemeinwohl, zwischen egoistischen Kräften und kollektiven Bedürfnissen. Kommerz, Kommunikation und Profit spielen eine wichtige Rolle.

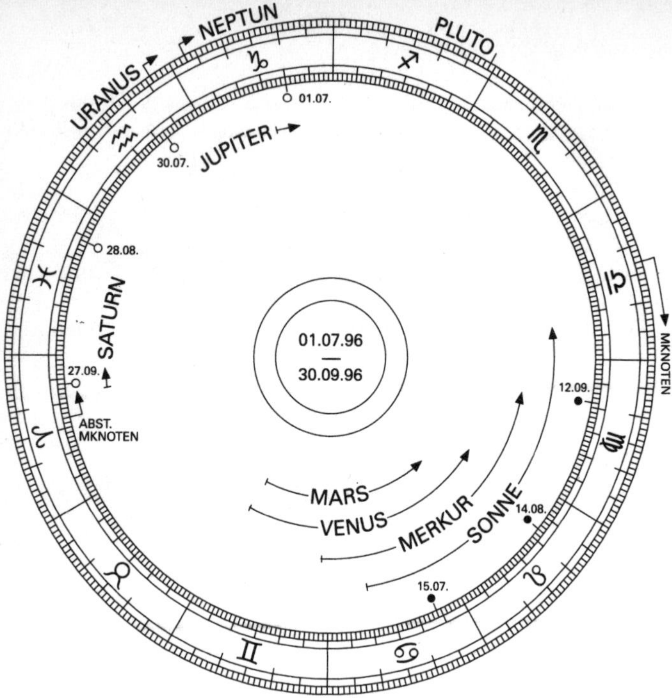

1.7.1996 – 30.9.1996

Sonne	10 Grad Krebs	Jupiter R	14 Grad Steinbock
Mondknoten	13 Grad Waage	Saturn	8 Grad Widder
Merkur	28 Grad Zwillinge	Uranus R	4 Grad Wassermann
Venus R	12 Grad Zwillinge	Neptun R	27 Grad Steinbock
Mars	13 Grad Zwillinge	Pluto R	1 Grad Schütze

2.7.	Venus	D 12 Grad Zwillinge
18.7.	Saturn	R 8 Grad Widder
10.8.	Pluto	D 1 Grad Schütze
3.9.	Jupiter	D 8 Grad Steinbock
4.9.	Merkur	R 30 Grad Waage
26.9.	Merkur	D 20 Grad Jungfrau

Wichtige Plutoaspekte III/1996

10.9. Mars Trigon Pluto

Günstige Zeiten für große geschäftliche Abschlüsse, vor allem in bezug auf Immobilien und Grundbesitz, Aktienspekulationen und in der Unterhaltungsindustrie.

20.9. Uranus Sextil Pluto

Zum vierten Mal erleben wir das Uranussextil zum Pluto: das mahnt uns, die Uranus-Pluto-Lektion auf schöpferische Weise zu lernen und zu integrieren. Themen sind Vertrauen, geheime Vorgänge, Öffentlichkeit, Machtausübung (durch die Masse, durch ihre Herrscher oder durch Individuen), Zusammenarbeit und Teilhabe.

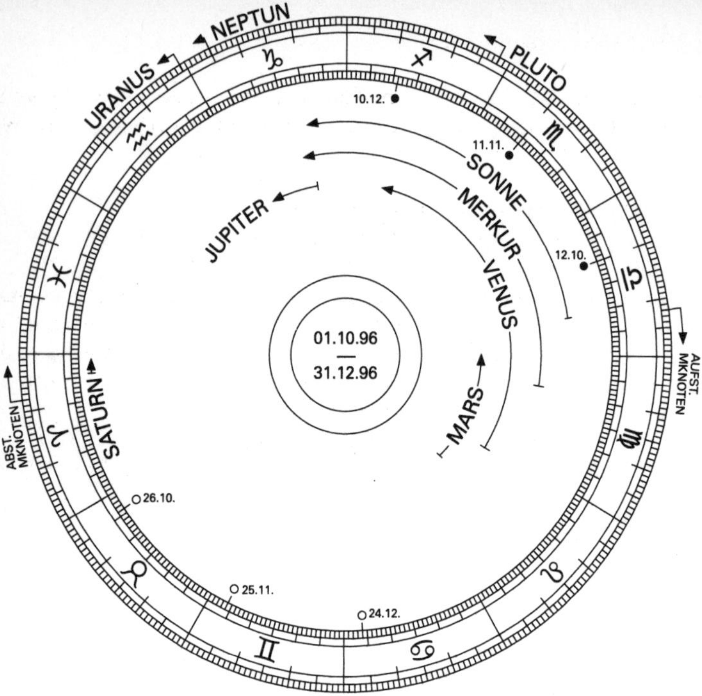

1.10.1996 – 31.12.1996

Sonne	9 Grad Waage	Jupiter	9 Grad Steinbock
Mondknoten	8 Grad Waage	Saturn R	4 Grad Widder
Merkur	21 Grad Jungfrau	Uranus R	1 Grad Wassermann
Venus	27 Grad Löwe	Neptun R	25 Grad Steinbock
Mars	14 Grad Löwe	Pluto	2 Grad Schütze

6.10.	Neptun	D	25 Grad Steinbock
10.10.	Uranus	D	1 Grad Wassermann
3.12.	Saturn	D	1 Grad Widder
23.12.	Merkur	R	20 Grad Schütze

Wichtige Plutoaspekte IV/1996

25.10. Saturn Trigon Pluto

Das sich wiederholende Saturn-Pluto-Trigon, nun bei rückläufigem Saturn, halte ich für eine Chance zur konzentrierten Vertiefung und weiteren Entwicklung positiver Möglichkeiten.

16.12. Aufsteigender Mondknoten Sextil Pluto
(gleichzeitig absteigender Mondknoten Trigon Pluto)

Was im vorhergehenden Quartal an problematischer Herausforderung erlebt wurde, fällt uns nun in manchen Bereichen wie unerwartet zu. Im Dezember ergeben sich positive Wendungen, scheinbar ohne daß wir selbst etwas dazu getan haben. Es fließt uns reichlich Energie zur Bewältigung der Lebensaufgaben zu.
Auch gesellschaftlich und politisch scheint dieser Monat »leichter« zu sein als andere. Zumindest gibt es deutliche Entspannungssignale und Zeichen von Vernunft.

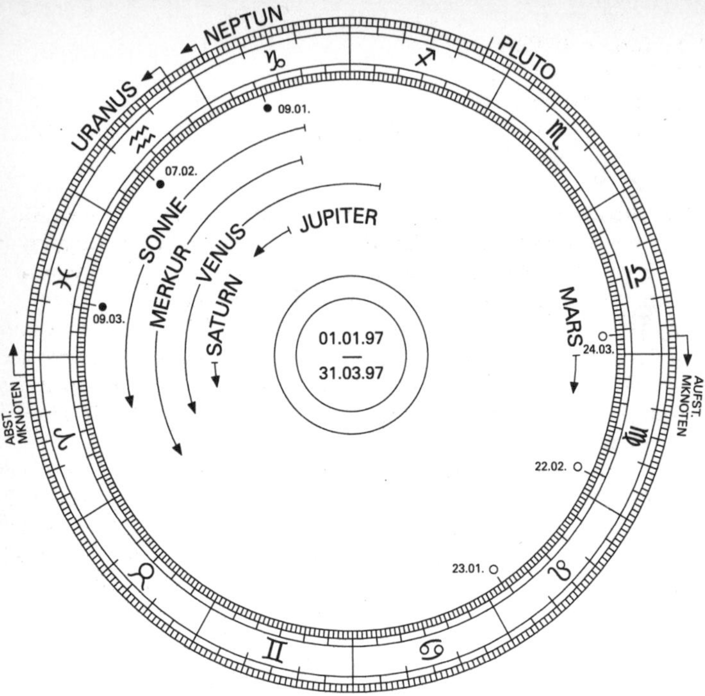

1.1.1997 – 31.3.1997

Sonne	11 Grad Steinbock	Jupiter	26 Grad Steinbock
Mondknoten	3 Grad Waage	Saturn	2 Grad Widder
Merkur R	14 Grad Steinbock	Uranus	4 Grad Wassermann
Venus	19 Grad Schütze	Neptun	27 Grad Steinbock
Mars	30 Grad Jungfrau	Pluto	5 Grad Schütze

12.1. Merkur	D	4 Grad Steinbock
6.2. Mars	R	6 Grad Waage
8.3. Pluto	R	6 Grad Schütze

Wichtige Plutoaspekte I/1997

25.1. Mars Sextil Pluto
5.2. Uranus Sextil Pluto
14.2. Jupiter Sextil Pluto
14.2. Mars Sextil Pluto
19.2. Saturn Trigon Pluto

Zum fünften und letzten Mal erleben wir das Uranussextil zum Pluto: wenn wir unsere Lektion jetzt unter den angenehmen Bedingungen eines Sextils nicht gelernt haben, dann wird uns das Schicksal mit größeren und »unverdaulicheren Brocken« konfrontieren.
Das Jupitersextil und das Marssextil zum Pluto fallen zeitlich zusammen. Damit werden die Qualitäten von Mars und seiner höheren Oktave Pluto deutlich verstärkt. Energien werden jetzt für sehr expansive Ziele eingesetzt; es besteht jedoch eine gewisse Tendenz zu Heftigkeit und Unüberlegtheit.
Zum dritten und letzten Mal gibt es das eher als günstig zu bewertende Saturn-Pluto-Trigon, wie es im zweiten und im vierten Quartal 1996 erwähnt wurde. Was jetzt noch nicht »gewogen und geprüft«, was jetzt noch nicht »unter Dach und Fach« gebracht wurde, findet auf absehbare Zeit keine solch hilfreiche kosmische Unterstützung mehr.

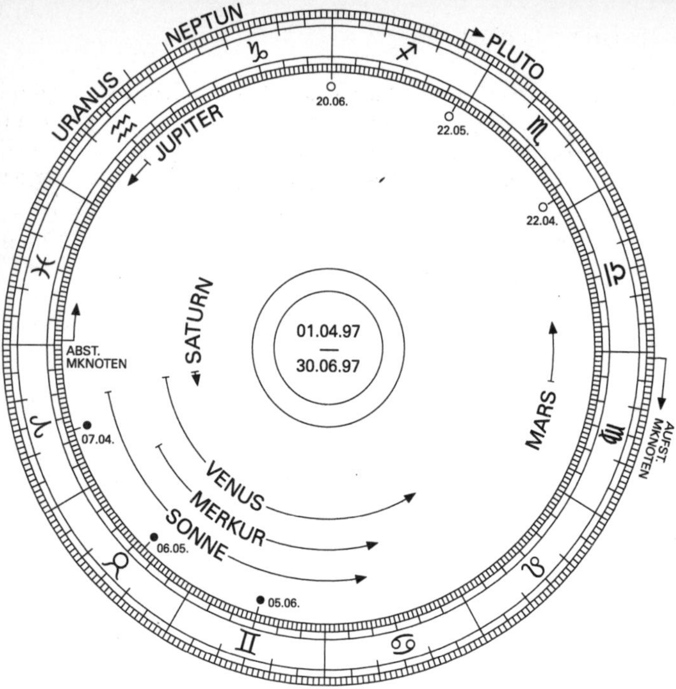

1.4.1997 – 30.6.1997

Sonne	12 Grad Widder	Jupiter	16 Grad Wassermann
Mondknoten	29 Grad Jungfrau	Saturn	11 Grad Widder
Merkur	30 Grad Widder	Uranus	8 Grad Wassermann
Venus	11 Grad Widder	Neptun	30 Grad Steinbock
Mars R	22 Grad Jungfrau	Pluto R	6 Grad Schütze

27.4.	Mars	D	17 Grad Jungfrau
1.5.	Merkur	R	5 Grad Stier
1.5.	Neptun	R	30 Grad Steinbock
8.5.	Merkur	D	30 Grad Widder
13.5.	Uranus	R	9 Grad Wassermann
10.6.	Jupiter	R	22 Grad Wassermann

Wichtige Plutoaspekte II/1997

26.6. Mars Sextil Pluto

Das Sextil vom Mars in der Waage zum Pluto im Schützen sorgt dafür, daß vorhandene Kräfte nicht brachliegen, sondern kreativ genutzt werden. In Geldangelegenheiten und in persönlichen und beruflichen Partnerschaften können viele Menschen glänzende Erfolge »verbuchen«.

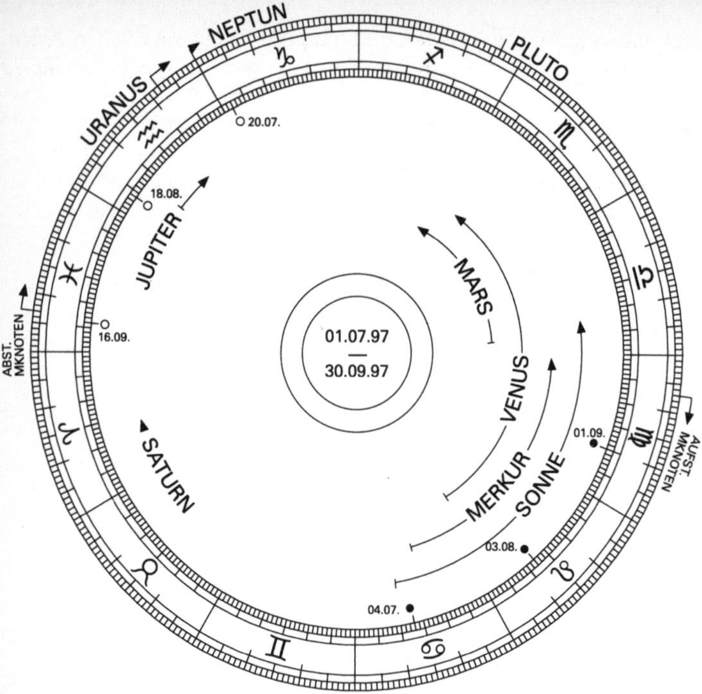

1.7.1997 – 30.9.1997

Sonne	10 Grad Krebs	Jupiter R	22 Grad Wassermann
Mondknoten	23 Grad Jungfrau	Saturn	20 Grad Widder
Merkur	16 Grad Krebs	Uranus R	8 Grad Wassermann
Venus	3 Grad Löwe	Neptun R	30 Grad Steinbock
Mars	6 Grad Waage	Pluto R	4 Grad Schütze

1.8.	Saturn	R	21 Grad Widder
13.8.	Pluto	D	3 Grad Schütze
17.8.	Merkur	R	17 Grad Jungfrau
10.9.	Merkur	D	3 Grad Jungfrau

Wichtige Plutoaspekte III/1997

Keine wichtigen Plutoaspekte zu den langsam laufenden Planeten in diesem Quartal, dafür eine Reihe kleinerer Aspekte der Schnelläufer zum Pluto.

1.7. Venus Trigon Pluto
9.7. Merkur Trigon Pluto
25.7. Sonne Trigon Pluto
25.7. Venus Quadrat Pluto
29.7. Merkur Quadrat Pluto

20.8. Venus Sextil Pluto
26.8. Sonne Quadrat Pluto

7.9. Merkur Quadrat Pluto
12.9. Merkur Quadrat Pluto
26.9. Sonne Sextil Pluto

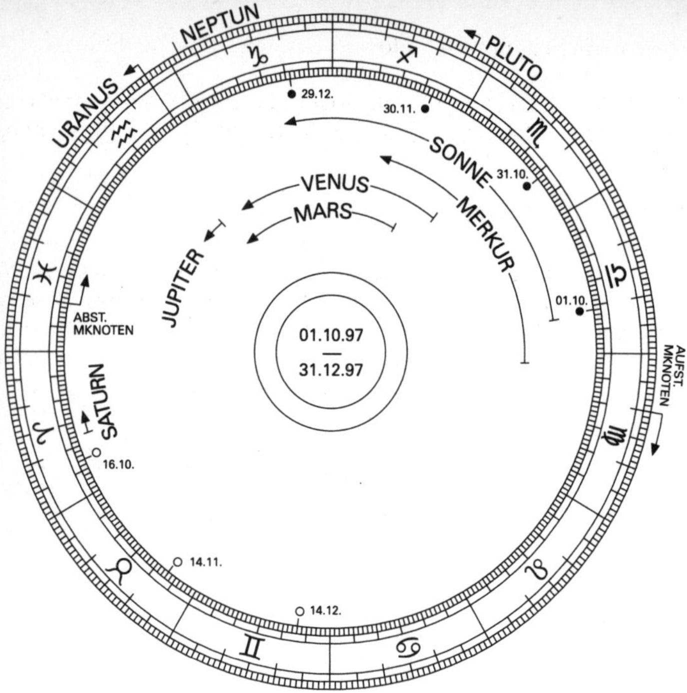

1.10.1997 – 31.12.1997

Sonne	8 Grad Waage	Jupiter R	13 Grad Wassermann
Mondknoten	20 Grad Jungfrau	Saturn R	18 Grad Widder
Merkur	28 Grad Jungfrau	Uranus R	5 Grad Wassermann
Venus	22 Grad Skorpion	Neptun R	28 Grad Steinbock
Mars	2 Grad Schütze	Pluto	4 Grad Schütze

8.10.	Jupiter	D	13 Grad Wassermann
9.10.	Neptun	D	28 Grad Steinbock
14.10.	Uranus	D	5 Grad Wassermann
7.12.	Merkur	R	4 Grad Steinbock
16.12.	Saturn	D	14 Grad Widder
26.12.	Venus	R	4 Grad Wassermann
27.12.	Merkur	D	18 Grad Schütze

4.10. Mars Konjunktion Pluto

Der Wille zu Macht und Erfolg erhält in diesen Wochen Verstärkung durch andere Marsaspekte, die Geschäfte und eigenwillige Planungen begünstigen.

26.12. Mars Sextil Pluto

Vorher, am 16.12., gibt es zusätzlich eine Marskonjunktion zum Neptun und kurz danach, am 27.12., eine Marskonjunktion zum Uranus. In diesen beiden Wochen werden wir deshalb enorme Bemühungen erleben, durch den konzentrierten Einsatz von Kräften Ziele zu erreichen. Dabei müssen wir jedoch davon ausgehen, daß dabei oft über das Ziel hinausgeschossen wird, daß die Ziele womöglich illusionär sind und daß auch eine Portion Rücksichtslosigkeit mit im Spiel ist. Für wirklich bewußt lebende Menschen sind diese Konstellationen allerdings eine große Chance zum Durchbruch!

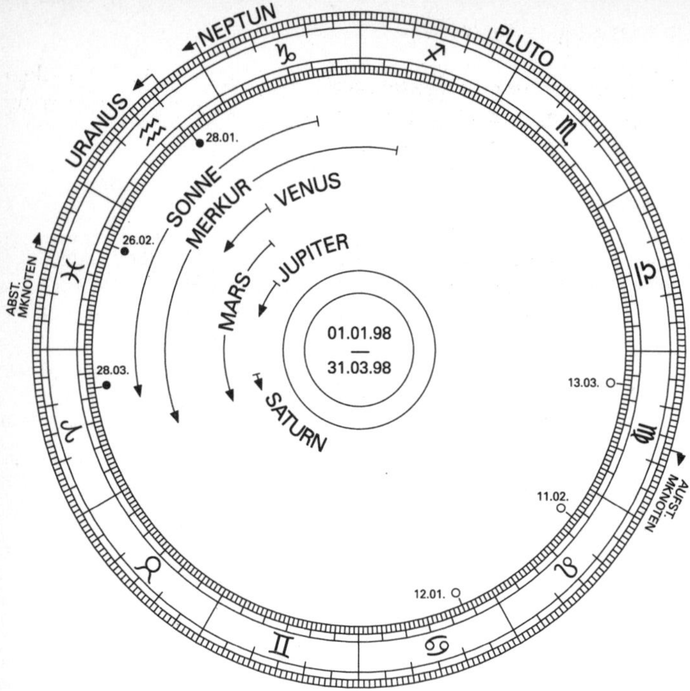

1.1.1998 – 31.3.1998

Sonne	11 Grad Steinbock	Jupiter	23 Grad Wassermann
Mondknoten	13 Grad Jungfrau	Saturn	14 Grad Widder
Merkur	19 Grad Schütze	Uranus	8 Grad Wassermann
Venus R	4 Grad Wassermann	Neptun	29 Grad Steinbock
Mars	11 Grad Wassermann	Pluto	7 Grad Schütze

5.2.	Venus	D 19 Grad Steinbock
11.3.	Pluto	R 9 Grad Schütze
27.3.	Merkur	R 22 Grad Widder

4.2. Mars Quadrat Pluto

Spannungen und Machtkämpfe, besonders auch zwischen religiösen und weltanschaulichen Gruppen, beherrschen die politische Großwetterlage.

10.3. Jupiter Quadrat Pluto
15.3. Mars Trigon Pluto

Machtgelüste und Wertbewußtsein lassen sich nicht miteinander vereinbaren. Ein »Suhlen« in überkommenen Gewohnheiten und veralteten Verhaltensweisen oder ein vermeintlich »positives« Übersehen und Übergehen fataler karmischer Konsequenzen früherer Fehler führen nur noch tiefer in die Misere. Im Hinblick auf die Weltlage dürfen wir aufgrund des Jupiterquadrats zum Pluto leider nicht auf Sinn und Verstand bei den Handelnden zählen, sondern vielmehr auf (auch fanatische) Auseinandersetzungen und gegenseitige Schuldzuweisungen. Zeitweise entspannt sich die Lage dann wieder, originelle Impulse und neue Pläne bringen wieder mehr Dynamik in die Reformbestrebungen.

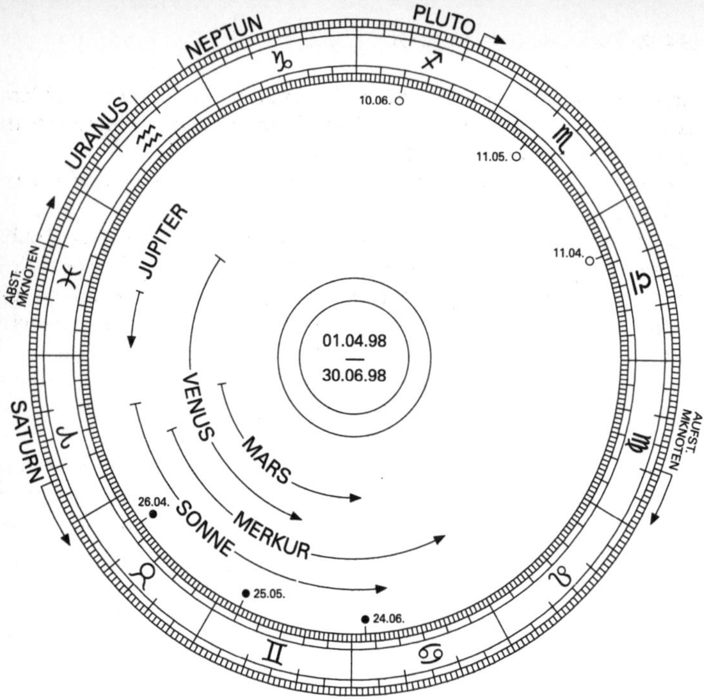

1.4.1998 – 30.6.1998

Sonne	12 Grad Widder	Jupiter	14 Grad Fische
Mondknoten	11 Grad Jungfrau	Saturn	22 Grad Widder
Merkur R	21 Grad Widder	Uranus	12 Grad Wassermann
Venus	25 Grad Wassermann	Neptun	2 Grad Wassermann
Mars	21 Grad Widder	Pluto R	8 Grad Schütze

20.4.	Merkur	D	10 Grad Widder
4.5.	Neptun	R	3 Grad Wassermann
17.5.	Uranus	R	13 Grad Wassermann

29.4. Mondknotenachse Quadrat Pluto

Ein schwieriges Quartal. Macht und Karma stehen in einem problematischen Aspekt. Es geht um die Verfolgung extremer Interessen und ebenso extremer Widerstände dagegen.
Sexualität und Magie spielen ebenfalls eine Rolle – individuell und kollektiv.
Für Kirchen, vor allem für dogmatische Kirchen (Festhalten an Zölibat, Jungfrauengeburt, unakzeptablen Lehrsätzen, vermeintlichem Alleinbesitz der Wahrheit, Konkurrenzgehabe gegen andere Religions- und Gottesvorstellungen), kommt nun eine Zeit des Umbruchs, vielleicht sogar des Umsturzes.

2.6. Mars Opposition Pluto

Offensive und aggressive Kämpfe um Macht; dabei große Finanzmöglichkeiten für »Kriegsgewinnler«. »Der weise Mann hält sich in Krisenzeiten zurück«, lautet indes eine bekannte Lebensweisheit aus der asiatischen Antike.

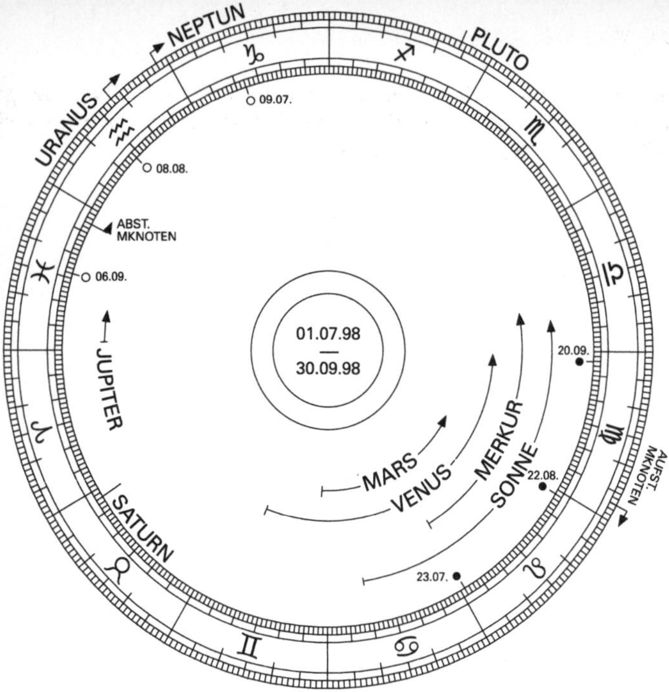

1.7.1998 – 30.9.1998

Sonne	9 Grad Krebs	Jupiter	28 Grad Fische
Mondknoten	3 Grad Jungfrau	Saturn	2 Grad Stier
Merkur	1 Grad Löwe	Uranus R	12 Grad Wassermann
Venus	8 Grad Zwillinge	Neptun R	2 Grad Wassermann
Mars	27 Grad Zwillinge	Pluto R	6 Grad Schütze

18.7. Jupiter	R 29 Grad Fische	
31.7. Merkur	R 29 Grad Löwe	
15.8. Saturn	R 4 Grad Stier	
16.8. Pluto	D 6 Grad Schütze	
23.8. Merkur	D 23 Grad Löwe	

29.8. Mars Trigon Pluto

Jetzt gibt es gute Gelegenheiten, bereits begonnene Projekte energisch und gezielt zu vollenden. Dabei verbinden sich Ehrgefühl und Großzügigkeit mit geistigem Weitblick.

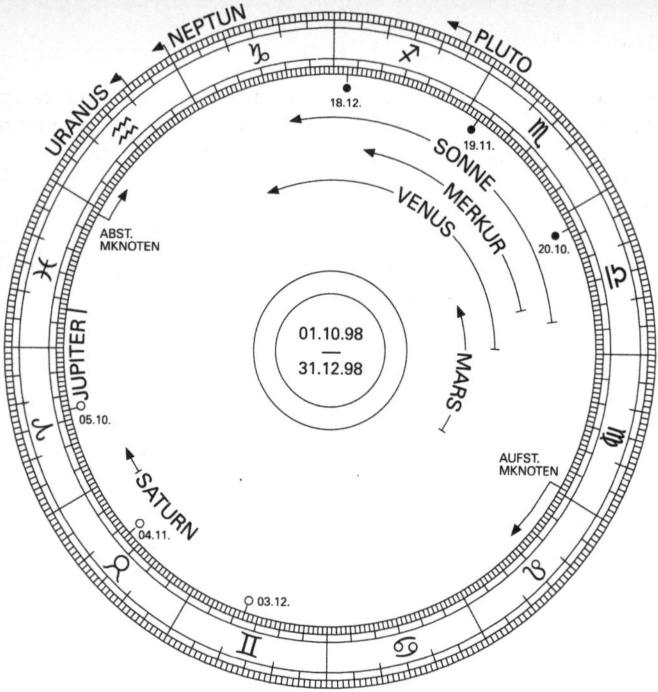

1.10.1998 – 31.12.1998

Sonne	8 Grad Waage	Jupiter R	22 Grad Fische
Mondknoten	1 Grad Jungfrau	Saturn R	2 Grad Stier
Merkur	12 Grad Waage	Uranus R	9 Grad Wassermann
Venus	1 Grad Waage	Neptun R	30 Grad Steinbock
Mars	26 Grad Löwe	Pluto	6 Grad Schütze

11.10. Neptun D 30 Grad Steinbock
18.10. Uranus D 9 Grad Wassermann
13.11. Jupiter D 19 Grad Fische
21.11. Merkur R 18 Grad Schütze
11.12. Merkur D 2 Grad Schütze
29.12. Saturn D 27 Grad Widder

17.10. Mars Quadrat Pluto

Kleinkarierte Kritik behindert den großen Wurf. Blockierte Energien. In Gesundheitsfragen setzen sich etablierte kommerzielle Interessen wieder einmal gegen Vertreter alternativer Methoden durch.

12.12. Mars Sextil Pluto

Gute Energiebalance zwischen Nehmen und Geben, Arbeiten und Entspannen. Ebenfalls günstig für künstlerische Ambitionen.

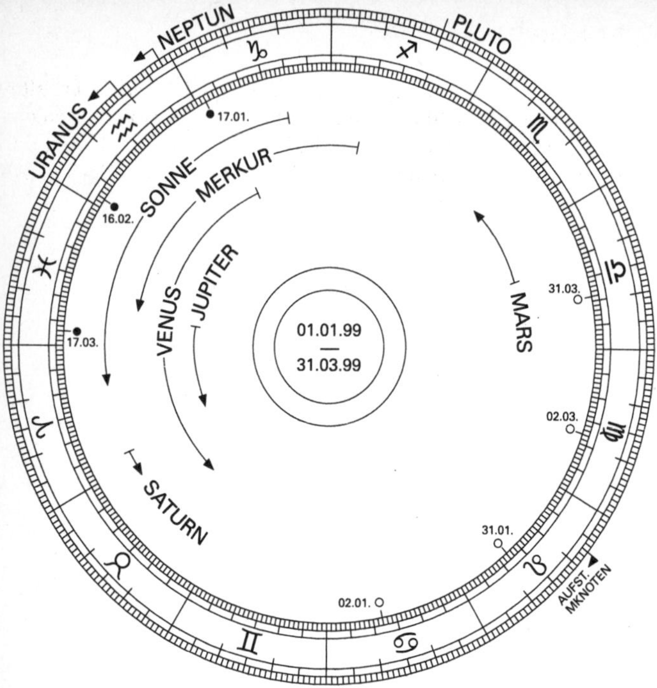

1.1.1999 – 31.3.1999

Sonne	11 Grad Steinbock	Jupiter	22 Grad Fische
Mondknoten	23 Grad Löwe	Saturn	27 Grad Widder
Merkur	22 Grad Schütze	Uranus	11 Grad Wassermann
Venus	26 Grad Steinbock	Neptun	2 Grad Wassermann
Mars	19 Grad Waage	Pluto	10 Grad Schütze

10.3. Merkur	R	5 Grad Widder
13.3. Pluto	R	11 Grad Schütze
18.3. Mars	R	13 Grad Skorpion

Wichtige Plutoaspekte I/1999

29.3. Jupiter Trigon Pluto

Beachtenswert ist das Jupitertrigon zum Pluto Ende März. Wir erhalten als einzelne und als menschliche Gemeinschaft ausdrücklich noch einmal die Gelegenheit, uns von hehren Idealen inspirieren zu lassen und unsere Kräfte auf wahrhaft positive Ziele auszurichten. Werden wir dieses Angebot annehmen?

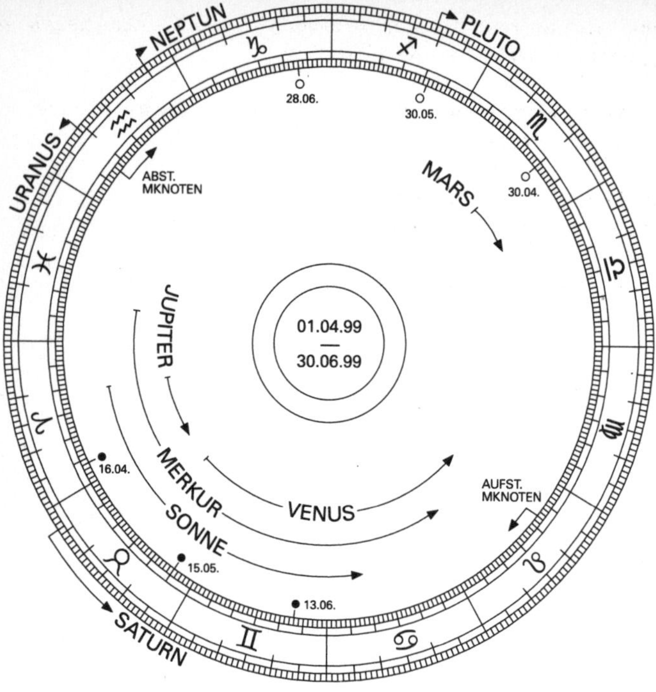

1.4.1999 – 30.6.1999

Sonne	11 Grad Widder	Jupiter	12 Grad Widder
Mondknoten	22 Grad Löwe	Saturn	4 Grad Stier
Merkur R	21 Grad Fische	Uranus	16 Grad Wassermann
Venus	17 Grad Stier	Neptun	5 Grad Wassermann
Mars R	12 Grad Skorpion	Pluto R	11 Grad Schütze

2.4. Merkur	D	21 Grad Fische
7.5. Neptun	R	5 Grad Wassermann
21.5. Uranus	R	17 Grad Wassermann
4.6. Mars	D	25 Grad Waage

Wichtige Plutoaspekte II/1999

Keine größeren Plutoaspekte in diesem Quartal. Kleinere, zeitlich recht begrenzt wirksame sind die folgenden:

21.4. Venus Opposition Pluto
26.4. Merkur Trigon Pluto

28.5. Merkur Opposition Pluto
31.5. Sonne Opposition Pluto

14.6. Venus Trigon Pluto

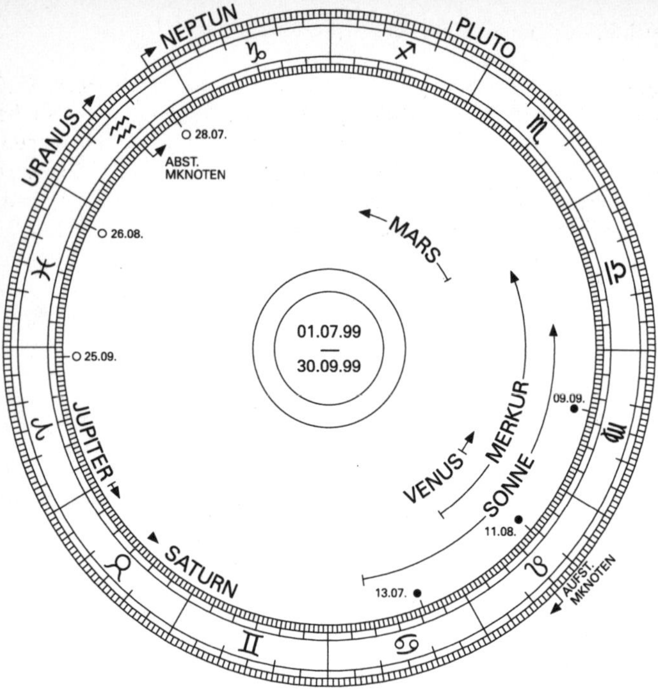

1.7.1999 – 30.9.1999

Sonne	9 Grad Krebs	Jupiter	1 Grad Stier
Mondknoten	14 Grad Löwe	Saturn	15 Grad Stier
Merkur	5 Grad Löwe	Uranus R	17 Grad Wassermann
Venus	23 Grad Löwe	Neptun R	4 Grad Wassermann
Mars	29 Grad Waage	Pluto R	9 Grad Schütze

9.7.	Merkur	R 10 Grad Löwe
6.8.	Merkur	D 29 Grad Krebs
19.8.	Pluto	D 8 Grad Schütze
25.8.	Jupiter	R 5 Grad Stier
30.8.	Saturn	R 18 Grad Stier

15.9. Mars Konjunktion Pluto

Gebündelte Kräfte bemühen sich um vertieften (Lebens-)Sinn. Gefahr des Fanatismus und gewalttätiger Aktionen für angeblich »höhere« Ziele. Als Folge von Ereignissen Mitte August eventuell (erneute?) Kriegsgefahr? (Siehe auch »Das apokalyptische Jahrzehnt« mit neu entschlüsselten Nostradamus-Weissagungen des Autors Manfred Dimde; Taschenbuch im Heyne Verlag, München.)

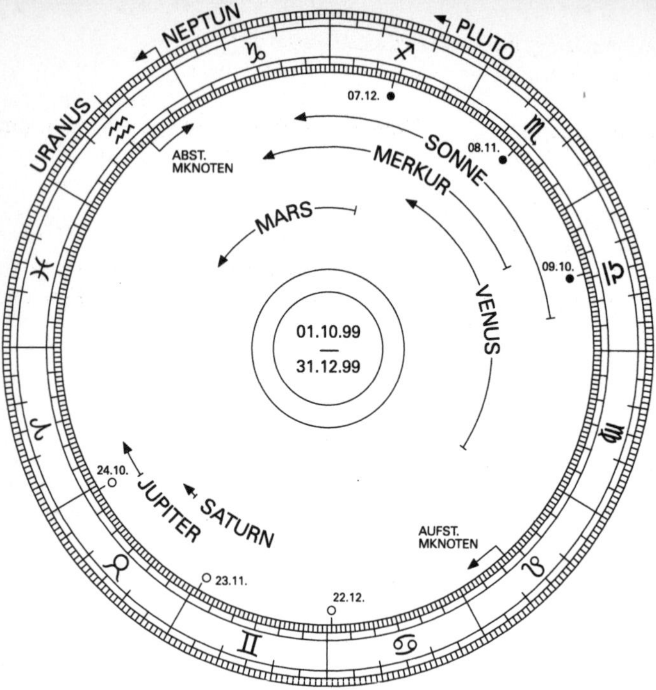

1.10.1999 – 31.12.1999

Sonne	8 Grad Waage	Jupiter R	3 Grad Stier
Mondknoten	12 Grad Löwe	Saturn R	17 Grad Stier
Merkur	24 Grad Waage	Uranus R	14 Grad Wassermann
Venus	25 Grad Löwe	Neptun R	2 Grad Wassermann
Mars	19 Grad Schütze	Pluto	9 Grad Schütze

14.10. Neptun D 2 Grad Wassermann
23.10. Uranus D 13 Grad Wassermann
5.11. Merkur R 2 Grad Schütze
25.11. Merkur D 16 Grad Skorpion
20.12. Jupiter D 26 Grad Widder

22.10. Aufsteigender Mondknoten Sextil Pluto
(gleichzeitig absteigender Mondknoten Trigon Pluto)

Man vermag Lehren aus Unheil zu ziehen und frische Kraft für einen Neuanfang zu sammeln.

10.12. Mars Sextil Pluto

Genügend Kräfte drängen auf eine grundlegende Wandlung. Trotz Behinderungen sorgen überraschende Wendungen für einen Durchbruch.

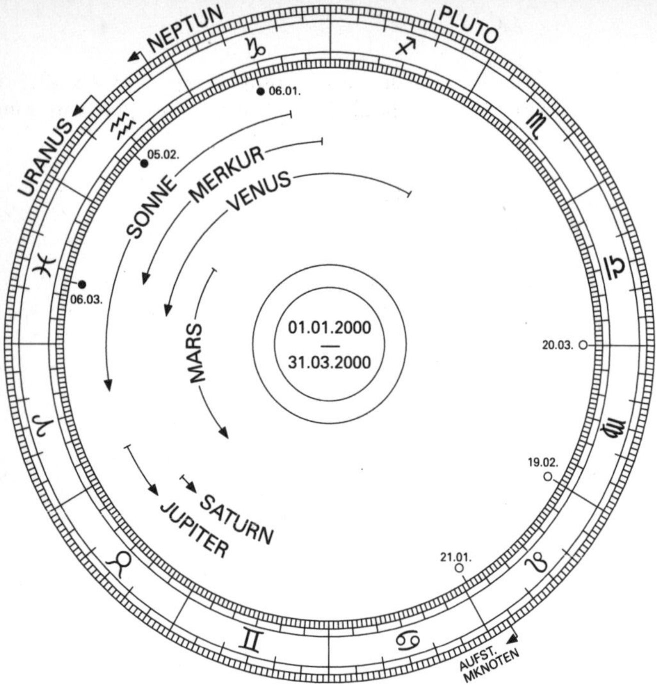

1.1.2000 – 31.3.2000

Sonne	10 Grad Steinbock	Jupiter	26 Grad Widder
Mondknoten	4 Grad Löwe	Saturn R	11 Grad Stier
Merkur	2 Grad Steinbock	Uranus	15 Grad Wassermann
Venus	1 Grad Schütze	Neptun	4 Grad Wassermann
Mars	28 Grad Wassermann	Pluto	12 Grad Schütze

12.1. Saturn	D	11 Grad Stier
21.2. Merkur	R	18 Grad Fische
14.3. Merkur	D	3 Grad Fische
15.3. Pluto	R	13 Grad Schütze

Wichtige Plutoaspekte I/2000

19.1. Mars Quadrat Pluto

Was eifrig geplant und mutig begonnen wurde, wird nun zeitweise wieder gebremst.

29.2. Mars Trigon Pluto

Jetzt ist die Zeit reif, hochgesteckte Ziele zu erreichen und eigene Ideen selbständig zu verwirklichen.

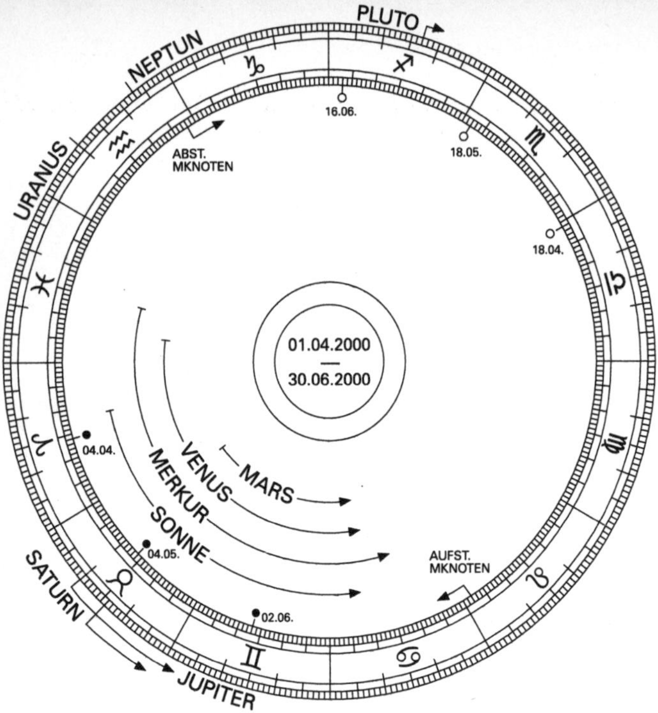

1.4.2000 – 30.6.2000

Sonne	12 Grad Widder	Jupiter	10 Grad Stier
Mondknoten	2 Grad Löwe	Saturn	16 Grad Stier
Merkur	15 Grad Fische	Uranus	20 Grad Wassermann
Venus	23 Grad Fische	Neptun	7 Grad Wassermann
Mars	7 Grad Stier	Pluto R	13 Grad Schütze

8.5.	Neptun	R 7 Grad Wassermann
25.5.	Uranus	R 21 Grad Wassermann
23.6.	Merkur	R 20 Grad Krebs

Wichtige Plutoaspekte II/2000

20.5. Mars Opposition Pluto

In der Kommunikation klappt es gar nicht: Streit über Ideale, Wankelmut und Doppelzüngigkeit bestimmen die Diskussion.

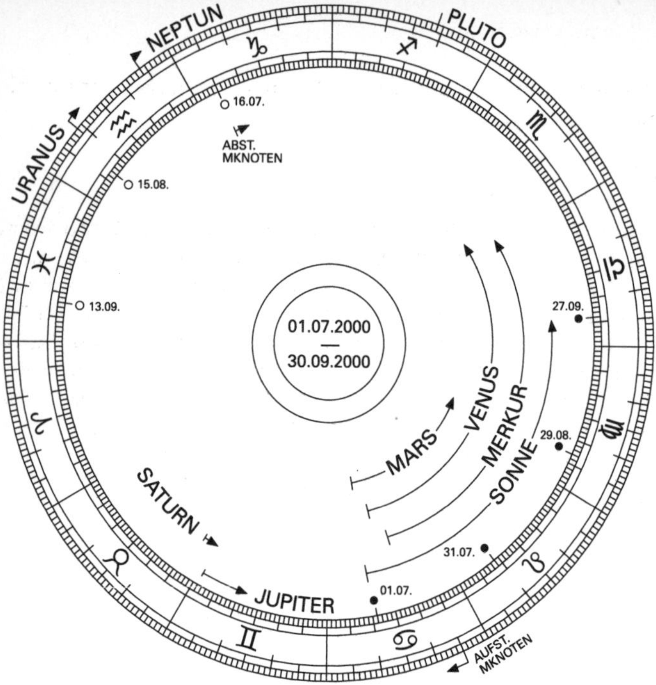

1.7.2000 – 30.9.2000

Sonne	10 Grad Krebs	Jupiter	1 Grad Zwillinge
Mondknoten	25 Grad Krebs	Saturn	27 Grad Stier
Merkur R	18 Grad Krebs	Uranus R	21 Grad Wassermann
Venus	14 Grad Krebs	Neptun R	6 Grad Wassermann
Mars	10 Grad Krebs	Pluto R	11 Grad Schütze

17.7. Merkur	D 11 Grad Krebs
20.8. Pluto	D 11 Grad Schütze

Wichtige Plutoaspekte III/2000

16.8. Mars Trigon Pluto

Aufatmen allerorten, es weht ein frischer Wind, blockierte Vorhaben kommen jetzt voran.

4.9. Jupiter Opposition Pluto

Die Opposition zwischen Jupiter und Pluto weist auf Machtkämpfe um Religion und Gesetz, um soziale und wirtschaftliche Ordnung hin. Viele Menschen sind zwar von der Notwendigkeit einer neuen humanitären Lebensweise und Gesellschaftsordnung ergriffen und beseelt, aber damit wird leider noch nicht ausgeschaltet, daß diese Menschen unterschiedlichen Gruppen, Parteien, (Welt-)Religionen und Konfessionen, Rassen und Regionen angehören – die alle für sich zumeist davon überzeugt sind, die besseren Absichten, den besseren Plan und natürlich auch die legitimeren Ansprüche zu besitzen.

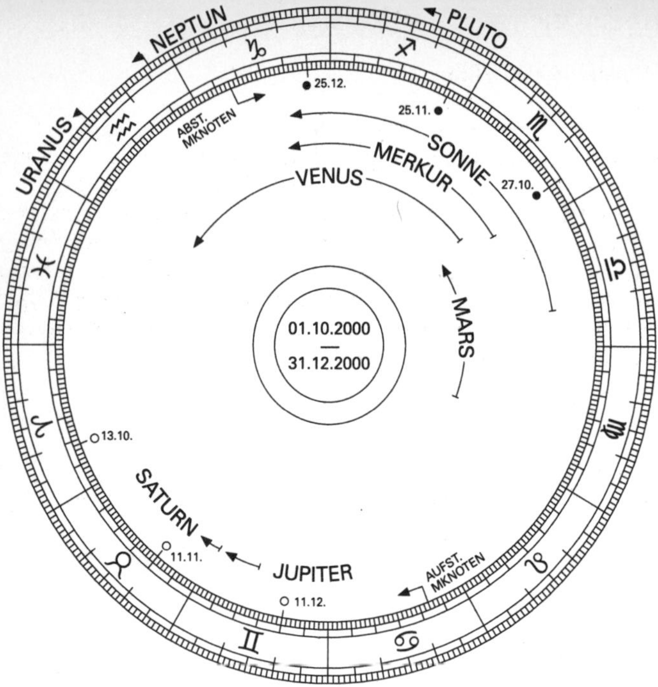

1.10.2000 – 31.12.2000

Sonne	9 Grad Waage	– 10 Grad Steinbock
Mondknoten	22 Grad Krebs	– 16 Grad Krebs
Merkur	3 Grad Skorpion	– 13 Grad Steinbock
Venus	8 Grad Skorpion	– 26 Grad Wassermann
Mars	9 Grad Jungfrau	– 5 Grad Skorpion
Jupiter R	12 Grad Zwillinge	– 3 Grad Zwillinge
Saturn R	1 Grad Zwillinge	– 25 Grad Stier
Uranus R	18 Grad Wassermann	– 19 Grad Wassermann
Neptun R	4 Grad Wassermann	– 6 Grad Wassermann
Pluto	11 Grad Schütze	– 14 Grad Schütze

15.10. Neptun D 4 Grad Wassermann
26.10. Uranus D 17 Grad Wassermann
1.11. Merkur R 5 Grad Skorpion
8.11. Merkur D 30 Grad Waage

4.10. Mars Quadrat Pluto
13.10. Jupiter Opposition Pluto

Verteilungskämpfe unter Gruppen und Nationen, die humanitären Interessen des Individuums bleiben dabei leicht auf der Strecke.
Die Jupiteropposition zum Pluto verlangt auf drängende Weise nach Bewältigung der Themen und Streitpunkte, die im vergangenen Quartal unter demselben Aspekt behandelt wurden. Das Marsquadrat gut eine Woche zuvor verheißt leider eher eine ungestüme oder gar extreme Fehlleitung von Energien als eine vernünftige und besänftigende Einstellung, wie sie not täte.

24.11. Mars Sextil Pluto

Die Selbstbehauptung fällt jetzt leichter, in der Diplomatie geht es freundlicher zu, diese Wochen sind günstig für echte Fortschritte.

Wo steht Ihr Pluto? Übersicht von 1920 bis 1995

Die nachfolgende Aufstellung gibt an, wo der Pluto jeweils am 1. Januar eines Jahres stand. Die Zahlen nach der Gradangabe stehen für die Minuten.

1.1.1920	6°41 Krebs
1.1.1921	7°49 Krebs
1.1.1922	9°00 Krebs
1.1.1923	10°10 Krebs
1.1.1924	11°22 Krebs
1.1.1925	12°32 Krebs
1.1.1926	13°45 Krebs
1.1.1927	14°59 Krebs
1.1.1928	16°13 Krebs
1.1.1929	17°27 Krebs
1.1.1930	18°43 Krebs
1.1.1931	20°01 Krebs
1.1.1932	21°19 Krebs
1.1.1933	22°37 Krebs
1.1.1934	23°57 Krebs
1.1.1935	25°18 Krebs
1.1.1936	26°39 Krebs
1.1.1937	28°01 Krebs
8.10.1937	0°01 Löwe
26.11.1937	29°59 Krebs
1.1.1938	29°25 Krebs
4.8.1938	0°01 Löwe
1.1.1939	0°49 Löwe
8.2.1939	29°59 Krebs
15.6.1939	0°01 Löwe
1.1.1940	2°15 Löwe
1.1.1941	3°42 Löwe
1.1.1942	5°10 Löwe
1.1.1943	6°40 Löwe
1.1.1944	8°12 Löwe
1.1.1945	9°44 Löwe
1.1.1946	11°18 Löwe
1.1.1947	12°54 Löwe
1.1.1948	14°31 Löwe
1.1.1949	16°08 Löwe
1.1.1950	17°48 Löwe
1.1.1951	19°30 Löwe
1.1.1952	21°13 Löwe
1.1.1953	22°57 Löwe
1.1.1954	24°44 Löwe
1.1.1955	26°32 Löwe
1.1.1956	28°22 Löwe
21.10.1956	0°01 Jungfrau
1.1.1957	0°14 Jungfrau
16.1.1957	29°59 Löwe
20.8.1957	0°01 Jungfrau
1.1.1958	2°08 Jungfrau
12.4.1958	29°59 Löwe
11.6.1958	0°01 Jungfrau
1.1.1959	4°04 Jungfrau
1.1.1960	6°02 Jungfrau
1.1.1961	8°01 Jungfrau
1.1.1962	10°02 Jungfrau
1.1.1963	12°05 Jungfrau
1.1.1964	14°10 Jungfrau
1.1.1965	16°17 Jungfrau
1.1.1966	18°26 Jungfrau
1.1.1967	20°38 Jungfrau
1.1.1968	22°51 Jungfrau
1.1.1969	25°06 Jungfrau

1.1.1970	27°24 Jungfrau	1.1.1983	29°14 Waage
1.1.1971	29°43 Jungfrau	6.11.1983	0°01 Skorpion
6.10.1971	0°01 Waage	1.1.1984	1°48 Skorpion
1.1.1972	2°03 Waage	19.5.1984	29°59 Waage
18.4.1972	29°59 Waage	29.8.1984	0°01 Skorpion
31.7.1972	0°01 Waage	1.1.1985	4°22 Skorpion
1.1.1973	4°25 Waage	1.1.1986	6°55 Skorpion
1.1.1974	6°49 Waage	1.1.1987	9°28 Skorpion
1.1.1975	9°13 Waage	1.1.1988	12°00 Skorpion
1.1.1976	11°39 Waage	1.1.1989	14°33 Skorpion
1.1.1977	14°07 Waage	1.1.1990	17°05 Skorpion
1.1.1978	16°36 Waage	1.1.1991	19°36 Skorpion
1.1.1979	19°06 Waage	1.1.1992	22°05 Skorpion
1.1.1980	21°36 Waage	1.1.1993	24°36 Skorpion
1.1.1981	24°09 Waage	1.1.1994	27°04 Skorpion
1.1.1982	26°41 Waage	1.1.1995	29°31 Skorpion

Die Plutopositionen bis einschließlich 2000 entnehmen Sie bitte dem Planetenkalender 1994 – 2000.

Wo steht die Sonne in Ihrem Horoskop? Eine Tabelle zur Bestimmung Ihres Sonnenstands

Stellen Sie in der folgenden Tabelle fest, bei wieviel Grad Ihre Geburtssonne steht. Die Angaben sind auf 1 Grad genau. Sehen Sie dann in den Tabellen über die Sonne in den Zeichen und in den Dekaden sowie Zwölfteln und in der folgenden Fixsternübersicht nach, was Ihr persönlicher Sonnenstand aussagt.

Der ungefähre Sonnenstand bei Ihrer Geburt

1.1.	10–11 Grad Steinbock
2.1.	11–12 Grad Steinbock
3.1.	12–13 Grad Steinbock
4.1.	13–14 Grad Steinbock
5.1.	14–15 Grad Steinbock
6.1.	15–16 Grad Steinbock
7.1.	16–17 Grad Steinbock
8.1.	17–18 Grad Steinbock
9.1.	18–19 Grad Steinbock
10.1.	19–20 Grad Steinbock
11.1.	20–21 Grad Steinbock
12.1.	21–22 Grad Steinbock
13.1.	22–23 Grad Steinbock
14.1.	23–24 Grad Steinbock
15.1.	24–25 Grad Steinbock
16.1.	25–26 Grad Steinbock
17.1.	26–27 Grad Steinbock
18.1.	27–28 Grad Steinbock
19.1.	28–29 Grad Steinbock
20.1.	29–30 Grad Steinbock
21.1.	30 Grad Steinbock – 1 Grad Wassermann
22.1.	1–02 Grad Wassermann
23.1.	2–03 Grad Wassermann
24.1.	3–04 Grad Wassermann
25.1.	4–05 Grad Wassermann
26.1.	5–06 Grad Wassermann
27.1.	6–07 Grad Wassermann
28.1.	7–08 Grad Wassermann
29.1.	8–09 Grad Wassermann
30.1.	9–10 Grad Wassermann
31.1.	10–11 Grad Wassermann
1.2.	11–12 Grad Wassermann
2.2.	12–13 Grad Wassermann
3.2.	13–14 Grad Wassermann
4.2.	14–15 Grad Wassermann
5.2.	15–16 Grad Wassermann
6.2.	16–17 Grad Wassermann
7.2.	17–18 Grad Wassermann
8.2.	18–19 Grad Wassermann
9.2.	19–20 Grad Wassermann
10.2.	20–21 Grad Wassermann
11.2.	21–22 Grad Wassermann
12.2.	22–23 Grad Wassermann
13.2.	23–24 Grad Wassermann
14.2.	24–25 Grad Wassermann
15.2.	25–26 Grad Wassermann
16.2.	26–27 Grad Wassermann
17.2.	27–28 Grad Wassermann
18.2.	28–29 Grad Wassermann

19.2. 29–30 Grad Wassermann
20.2. 30 Grad Wassermann – 1 Grad Fische
21.2. 1–02 Grad Fische
22.2. 2–03 Grad Fische
23.2. 3–04 Grad Fische
24.2. 4–05 Grad Fische
25.2. 5–06 Grad Fische
26.2. 6–07 Grad Fische
27.2. 7–08 Grad Fische
28.2. 8–09 Grad Fische
29.2. 9–10 Grad Fische

1.3. 10–11 Grad Fische
2.3. 11–12 Grad Fische
3.3. 12–13 Grad Fische
4.3. 13–14 Grad Fische
5.3. 14–15 Grad Fische
6.3. 15–16 Grad Fische
7.3. 16–17 Grad Fische
8.3. 17–18 Grad Fische
9.3. 18–19 Grad Fische
10.3. 19–20 Grad Fische
11.3. 20–21 Grad Fische
12.3. 21–22 Grad Fische
13.3. 22–23 Grad Fische
14.3. 23–24 Grad Fische
15.3. 24–25 Grad Fische
16.3. 25–26 Grad Fische
17.3. 26–27 Grad Fische
18.3. 27–28 Grad Fische
19.3. 28–29 Grad Fische
20.3. 29–30 Grad Fische
21.3. 30 Grad Fische – 01 Grad Widder
22.3. 1–02 Grad Widder
23.3. 2–03 Grad Widder
24.3. 3–04 Grad Widder
25.3. 4–05 Grad Widder
26.3. 5–06 Grad Widder
27.3. 6–07 Grad Widder
28.3. 7–08 Grad Widder
29.3. 8–09 Grad Widder
30.3. 9–10 Grad Widder
31.3. 10–11 Grad Widder

1.4. 11–12 Grad Widder
2.4. 12–13 Grad Widder
3.4. 13–14 Grad Widder
4.4. 14–15 Grad Widder
5.4. 15–16 Grad Widder
6.4. 16–17 Grad Widder
7.4. 17–18 Grad Widder
8.4. 18–19 Grad Widder
9.4. 19–20 Grad Widder
10.4. 20–21 Grad Widder
11.4. 21–22 Grad Widder
12.4. 22–23 Grad Widder
13.4. 23–24 Grad Widder
14.4. 24–25 Grad Widder
15.4. 25–26 Grad Widder
16.4. 26–27 Grad Widder
17.4. 27–28 Grad Widder
18.4. 28–29 Grad Widder
19.4. 29–30 Grad Widder
20.4. 30 Grad Widder – 1 Grad Stier
21.4. 0–01 Grad Stier
22.4. 1–02 Grad Stier
23.4. 2–03 Grad Stier
24.4. 3–04 Grad Stier
25.4. 4–05 Grad Stier
26.4. 5–06 Grad Stier
27.4. 6–07 Grad Stier
28.4. 7–08 Grad Stier
29.4. 8–09 Grad Stier
30.4. 9–10 Grad Stier

1.5. 10–11 Grad Stier
2.5. 11–12 Grad Stier
3.5. 12–13 Grad Stier
4.5. 13–14 Grad Stier
5.5. 14–15 Grad Stier
6.5. 15–16 Grad Stier
7.5. 16–17 Grad Stier

8.5. 17–18 Grad Stier
9.5. 18–19 Grad Stier
10.5. 19–20 Grad Stier
11.5. 20–21 Grad Stier
12.5. 21–22 Grad Stier
13.5. 22–23 Grad Stier
14.5. 23–24 Grad Stier
15.5. 24–25 Grad Stier
16.5. 25–26 Grad Stier
17.5. 26–27 Grad Stier
18.5. 27–28 Grad Stier
19.5. 28–29 Grad Stier
20.5. 29–30 Grad Stier
21.5. 30 Grad Stier – 1 Grad Zwillinge
22.5. 0–01 Grad Zwillinge
23.5. 1–02 Grad Zwillinge
24.5. 2–03 Grad Zwillinge
25.5. 3–04 Grad Zwillinge
26.5. 4–05 Grad Zwillinge
27.5. 5–06 Grad Zwillinge
28.5. 6–07 Grad Zwillinge
29.5. 7–08 Grad Zwillinge
30.5. 8–09 Grad Zwillinge
31.5. 9–10 Grad Zwillinge

1.6. 10–11 Grad Zwillinge
2.6. 11–12 Grad Zwillinge
3.6. 12–13 Grad Zwillinge
4.6. 13–14 Grad Zwillinge
5.6. 14–15 Grad Zwillinge
6.6. 15–16 Grad Zwillinge
7.6. 16–17 Grad Zwillinge
8.6. 17–18 Grad Zwillinge
9.6. 18–19 Grad Zwillinge
10.6. 19–20 Grad Zwillinge
11.6. 20–21 Grad Zwillinge
12.6. 21–22 Grad Zwillinge
13.6. 22–23 Grad Zwillinge
14.6. 23–24 Grad Zwillinge
15.6. 24–25 Grad Zwillinge
16.6. 25–26 Grad Zwillinge
17.6. 26–27 Grad Zwillinge
18.6. 27–28 Grad Zwillinge
19.6. 28–29 Grad Zwillinge
20.6. 29–30 Grad Zwillinge
21.6. 30 Grad Zwillinge – 1 Grad Krebs
22.6. 0–01 Grad Krebs
23.6. 1–02 Grad Krebs
24.6. 2–03 Grad Krebs
25.6. 3–04 Grad Krebs
26.6. 4–05 Grad Krebs
27.6. 5–06 Grad Krebs
28.6. 6–07 Grad Krebs
29.6. 7–08 Grad Krebs
30.6. 8–09 Grad Krebs

1.7. 9–10 Grad Krebs
2.7. 10–11 Grad Krebs
3.7. 11–12 Grad Krebs
4.7. 12–13 Grad Krebs
5.7. 13–14 Grad Krebs
6.7. 14–15 Grad Krebs
7.7. 15–16 Grad Krebs
8.7. 16–17 Grad Krebs
9.7. 17–18 Grad Krebs
10.7. 18–19 Grad Krebs
11.7. 19–20 Grad Krebs
12.7. 20–21 Grad Krebs
13.7. 21–22 Grad Krebs
14.7. 22–23 Grad Krebs
15.7. 23–24 Grad Krebs
16.7. 24–25 Grad Krebs
17.7. 25–26 Grad Krebs
18.7. 26–27 Grad Krebs
19.7. 27–28 Grad Krebs
20.7. 28–29 Grad Krebs
21.7. 29–30 Grad Krebs
22.7. 30 Grad Krebs – 1 Löwe
23.7. 0–01 Grad Löwe
24.7. 1–02 Grad Löwe
25.7. 2–03 Grad Löwe
26.7. 3–04 Grad Löwe

27.7. 4–05 Grad Löwe
28.7. 5–06 Grad Löwe
29.7. 6–07 Grad Löwe
30.7. 7–08 Grad Löwe
31.7. 8–09 Grad Löwe

1.8. 9–10 Grad Löwe
2.8. 10–11 Grad Löwe
3.8. 11–12 Grad Löwe
4.8. 12–13 Grad Löwe
5.8. 13–14 Grad Löwe
6.8. 14–15 Grad Löwe
7.8. 15–16 Grad Löwe
8.8. 16–17 Grad Löwe
9.8. 17–18 Grad Löwe
10.8. 18–19 Grad Löwe
11.8. 19–20 Grad Löwe
12.8. 20–21 Grad Löwe
13.8. 21–22 Grad Löwe
14.8. 22–23 Grad Löwe
15.8. 23–24 Grad Löwe
16.8. 24–25 Grad Löwe
17.8. 25–26 Grad Löwe
18.8. 26–27 Grad Löwe
19.8. 27–28 Grad Löwe
20.8. 28–29 Grad Löwe
21.8. 29–30 Grad Löwe
22.8. 30 Grad Löwe – 1 Grad Jungfrau
23.8. 0 Grad Löwe – 1 Grad Jungfrau
24.8. 1–02 Grad Jungfrau
25.8. 2–03 Grad Jungfrau
26.8. 3–04 Grad Jungfrau
27.8. 4–05 Grad Jungfrau
28.8. 5–06 Grad Jungfrau
29.8. 6–07 Grad Jungfrau
30.8. 7–08 Grad Jungfrau
31.8. 8–09 Grad Jungfrau

1.9. 9–10 Grad Jungfrau
2.9. 10–11 Grad Jungfrau
3.9. 11–12 Grad Jungfrau
4.9. 12–13 Grad Jungfrau
5.9. 13–14 Grad Jungfrau
6.9. 14–15 Grad Jungfrau
7.9. 15–16 Grad Jungfrau
8.9. 16–17 Grad Jungfrau
9.9. 17–18 Grad Jungfrau
10.9. 18–19 Grad Jungfrau
11.9. 19–20 Grad Jungfrau
12.9. 20–21 Grad Jungfrau
13.9. 21–22 Grad Jungfrau
14.9. 22–23 Grad Jungfrau
15.9. 23–24 Grad Jungfrau
16.9. 24–25 Grad Jungfrau
17.9. 25–26 Grad Jungfrau
18.9. 26–27 Grad Jungfrau
19.9. 27–28 Grad Jungfrau
20.9. 28–29 Grad Jungfrau
21.9. 29–30 Grad Jungfrau
22.9. 30 Grad Jungfrau – 1 Grad Waage
23.9. 0–01 Grad Waage
24.9. 1–02 Grad Waage
25.9. 2–03 Grad Waage
26.9. 3–04 Grad Waage
27.9. 4–05 Grad Waage
28.9. 5–06 Grad Waage
29.9. 6–07 Grad Waage
30.9. 7–08 Grad Waage

1.10. 8–09 Grad Waage
2.10. 9–10 Grad Waage
3.10. 10–11 Grad Waage
4.10. 11–12 Grad Waage
5.10. 12–13 Grad Waage
6.10. 13–14 Grad Waage
7.10. 14–15 Grad Waage
8.10. 15–16 Grad Waage
9.10. 16–17 Grad Waage
10.10. 17–18 Grad Waage
11.10. 18–19 Grad Waage
12.10. 19–20 Grad Waage
13.10. 20–21 Grad Waage

14.10. 21–22 Grad Waage
15.10. 22–23 Grad Waage
16.10. 23–24 Grad Waage
17.10. 24–25 Grad Waage
18.10. 25–26 Grad Waage
19.10. 26–27 Grad Waage
20.10. 27–28 Grad Waage
21.10. 28–29 Grad Waage
22.10. 29–30 Grad Waage
23.10. 30 Grad Waage – 1 Grad Skorpion
24.10. 1–02 Grad Skorpion
25.10. 2–03 Grad Skorpion
26.10. 3–04 Grad Skorpion
27.10. 4–05 Grad Skorpion
28.10. 5–06 Grad Skorpion
29.10. 6–07 Grad Skorpion
30.10. 7–08 Grad Skorpion
31.10. 8–09 Grad Skorpion

1.11. 9–10 Grad Skorpion
2.11. 10–11 Grad Skorpion
3.11. 11–12 Grad Skorpion
4.11. 12–13 Grad Skorpion
5.11. 13–14 Grad Skorpion
6.11. 14–15 Grad Skorpion
7.11. 15–16 Grad Skorpion
8.11. 16–17 Grad Skorpion
9.11. 17–18 Grad Skorpion
10.11. 18–19 Grad Skorpion
11.11. 19–20 Grad Skorpion
12.11. 20–21 Grad Skorpion
13.11. 21–22 Grad Skorpion
14.11. 22–23 Grad Skorpion
15.11. 23–24 Grad Skorpion
16.11. 24–25 Grad Skorpion
17.11. 25–26 Grad Skorpion
18.11. 26–27 Grad Skorpion
19.11. 27–28 Grad Skorpion
20.11. 28–29 Grad Skorpion
21.11. 29–30 Grad Skorpion
22.11. 30 Grad Skorpion – 1 Grad Schütze
23.11. 1–02 Grad Schütze
24.11. 2–03 Grad Schütze
25.11. 3–04 Grad Schütze
26.11. 4–05 Grad Schütze
27.11. 5–06 Grad Schütze
28.11. 6–07 Grad Schütze
29.11. 7–08 Grad Schütze
30.11. 8–09 Grad Schütze

1.12. 9–10 Grad Schütze
2.12. 10–11 Grad Schütze
3.12. 11–12 Grad Schütze
4.12. 12–13 Grad Schütze
5.12. 13–14 Grad Schütze
6.12. 14–15 Grad Schütze
7.12. 15–16 Grad Schütze
8.12. 16–17 Grad Schütze
9.12. 17–18 Grad Schütze
10.12. 18–19 Grad Schütze
11.12. 19–20 Grad Schütze
12.12. 20–21 Grad Schütze
13.12. 21–22 Grad Schütze
14.12. 22–23 Grad Schütze
15.12. 23–24 Grad Schütze
16.12. 24–25 Grad Schütze
17.12. 25–26 Grad Schütze
18.12. 26–27 Grad Schütze
19.12. 27–28 Grad Schütze
20.12. 28–29 Grad Schütze
21.12. 29 Grad Schütze – 1 Grad Steinbock
22.12. 1–02 Grad Steinbock
23.12. 2–03 Grad Steinbock
24.12. 3–04 Grad Steinbock
25.12. 4–05 Grad Steinbock
26.12. 5–06 Grad Steinbock
27.12. 6–07 Grad Steinbock
28.12. 7–08 Grad Steinbock
29.12. 8–09 Grad Steinbock
30.12. 9–10 Grad Steinbock
31.12. 10–11 Grad Steinbock

Die wichtigsten Fixsterne und ihre astrologische Interpretation

Fixsterne sind das, was man auch »Fernsonnen« nennt. Es sind Gestirne wie unsere Sonne, die Energie und damit Licht von sich aus ausstrahlen, aufgrund gigantischer Atomfusionen und Explosionen in ihrem Inneren. Diese Fixsterne oder Fernsonnen wurden vor allem von antiken Astrologen als außerordentlich bedeutsam für Prognosen über Heil oder Unheil angesehen. Inzwischen waren sie etwas »aus der Mode« gekommen. Neuerlich werden sie jedoch wieder stärker beachtet.
Sie finden im Anschluß eine Übersicht über den Stand wichtiger Fixsterne in den Tierkreiszeichen, gerundet für 1950. Auch die Fixsterne bewegen sich, im Durchschnitt etwa 1 Grad in 60 Jahren, mit Kurzhinweisen auf Natur und Wirkung. Wir greifen dabei u. a. auf Altmeister Vehlow zurück und weisen auch gern auf ein neueres Buch von Vivian Robson über die Fixsterne hin (»Fixsterne«, Hugendubel Verlag München, 1990).
Die Fixsterne sind so aufgelistet, wie sie im Tierkreis der zwölf Zeichen auftauchen. Sie sind dann von Interesse, wenn Konjunktion und Opposition (falls diese verwendet wird) nicht weiter als rund 1 Grad von der Sonne, Mond, den persönlichen und gesellschaftlichen Planeten (Merkur, Venus, Mars, Jupiter und Saturn) sowie Mondknotenachse und Hauptachsen (AC-DC, MC-IC) entfernt sind.
Zuerst finden Sie den Namen, dann in Klammern die Größe (soweit bekannt bzw. zutreffend), die Position im Tierkreis und anschließend die »Natur« bzw. den »Charakter«, den diese Sterne bzw. Nebel nach Meinung der Astrologen »ausstrahlen« (in Klammern abweichende Ansichten). Die Größe der Sterne läßt nach Meinung der meisten Astrologen einen Rückschluß auf ihre »Strahlkraft« zu; je kleiner die Ziffer, desto bedeutsamer der Stern. Ein Stern 1. Größe ist also größer und wesentlicher als einer der 5. Größe.

Übersicht Fixsterne

Deneb Kaitos (2) bei 2° Widder:
Saturn-Kraft; besonders mit Mond, Mars, Neptun oder Aszendentenachse hemmende Wirkung.

Ende des westlichen Fisches (5) bei 3° Widder:
Saturn-Merkur-Charakter; bei guten Saturn-Merkur-Stellungen Steigerung der Konzentration.

Algenib II (3) bei 8° Widder:
Mars-Merkur-Natur; merkurielle Einflüsse sind stark und wirken vor allem geistig auf den dort befindlichen Planeten, marsische Einflüsse geben ihm viel Kraft.

Alderamin (3–4) bei 12° Widder:
Saturn-Neptun-Charakter mit schwachem Jupiter-Einschlag; wirkt angeblich nur in Konjunktion mit Mond, Saturn oder Neptun; bei medialen Menschen unter Umständen recht förderlich.

Sirrah (2) bei 13° Widder:
Venus-Jupiter-Strahlung; günstige Wirkung für Sonne, Mond und alle Planeten in Konjunktion; bei Opposition eventuell immer noch schwach-günstiger Einfluß.

Baten Kaitos (3–4) bei 21° Widder:
Saturn-Natur; bei Mond-Konjunktion oder -Opposition Neigung zur Melancholie, sonst prüfende und konzentrierende Wirkung.

Mirach (2) bei 30° Widder:
Venus-Neptun-Natur; Anregung zu Idealen, umfassende Liebe und Meditation, bei Verbindung mit Sonne und/oder Neptun auch mediale Fähigkeiten, bei schwierigen Aspekten des betreffenden Planeten auch Illusionen.

Mira bei 1° Stier:
Saturn-Jupiter-Wesen; geistige Herausforderungen, bei schlecht gestelltem Mond oder Merkur Mangel an geistiger Klarheit.

Elscheratain (2) bei 3° Stier:
Saturn-Mars-Strahlung; mit Sonne, absteigendem Mondknoten und IC ungünstig.

Elmuthalleth (4) bei 6° Stier:
Merkurcharakter; fördert mit Venus künstlerische Talente.

Elnath (2) bei 7° Stier:
Saturn-Mars-Kraft, stark und ungünstig; bei Mond-Konjunktion und in weiblichen Horoskopen allgemein eher schwierig und belastend, fordert zu großer spiritueller Transformation heraus.

Menkar (2–3) bei 13° Stier:
Saturn-Kraft; stark zerstörerisch; politisch bei Sonne und Saturn schwere Unglücke.

Alamak (2) bei 13° Stier:
Venus-Jupiter-Natur; vor allem in Verbindung mit Sonne, Mond, Venus und Jupiter günstig, insbesondere in materieller Hinsicht.

Zanrak bei 23° Stier:
Saturn-Kraft; bei verletztem Saturn und bei wenig bewußten Menschen starke und meist gefährliche Saturnkraft; mundan große Katastrophen mit Saturn und ungünstigem Neptuneinfluß. »Diese ganze Himmelsgegend zwischen Ende Stier und Anfang Zwillinge ist eine 'böse Ecke', vgl. Algol!« (Zitat Vehlow)

Algol bei 25° Stier:
Saturn-Mars-Uranus-Natur; im Horoskop von geistig hochentwickelten Menschen, die ein bewußt spirituelles Leben führen, sind positive Einflüsse zu erwarten, je nach Planetenverbindung; in Horoskopen von unbewußt lebenden Menschen wird, vor allem bei Verbindungen mit Mars, Saturn, Uranus, Neptun und Pluto, ein großes Potential an Gefahren für die Persönlichkeitsentwicklung zu beachten sein (Neigung zu Gewalt etc.).

Alkyone (3) bei 29° Stier:
Mond-Mars-Natur; am Aszendent bewirkt er Sinnlichkeit, am »Glückspunkt« schwankende Verhältnisse, mit Sonne öffentlicher Erfolg, mit Mars einfühlsame Energie; größter Stern der Pleijaden.

Algenib I (3) bei 1° Zwillinge:
Jupiter-Saturn-Strahlung mit hoher geistiger Kraft; Anlagen zum künstlerischen Genie mit Sonne, Venus, AC, 3. und 10. Haus.

Hyaden (4) bei 5° Zwillinge:
Mars-Uranus-Neptun-Natur; in Verbindung mit Mond oder Venus erotische Verführbarkeit oder Zügellosigkeit, bei anderen Planetenver-

bindungen Neigung zu plötzlichen Energieausbrüchen bei gleichzeitig einfühlsamem Wesen.

Merope (4) bei 6° Zwillinge:
Mars-Charakter; mit Sonne Unglücke; dieser Stern ist Teil der Pleijaden.

Nördliches Stierauge bei 8° Zwillinge:
Venus-Mond-Wesen; bei Verbindung mit Venus oder Neptun Stärkung des Kunstsinnes, bei Verbindung mit Uranus Neigung zur Mystik; insgesamt positiv.

Aldebaran (1) bei 9° Zwillinge:
Mars-Neptun-Kraft; in Verbindung mit Sonne, Mond, Mars oder Neptun Gefahren durch Unwetter, auf See, durch Spekulationen u. a. m.

Rigel (1) bei 16° Zwillinge:
Jupiter-Mars-Kraft; ähnlich wie Regulus sehr fördernd, vor allem in geistiger Hinsicht; beim Merkur dichterische Gaben, beim Neptun mediale Anlagen.

Bellatrix (2) bei 20° Zwillinge:
Mars-Merkur-Natur, mit stark betontem Marscharakter; große Durchsetzungskraft in bezug auf den Planeten, der dort steht, die unter Umständen gezügelt werden muß.

Capella (1) bei 21° Zwillinge:
Mars-Merkur-Charakter; echter Wissensdrang oder oberflächliche Neugierde, je nach Bewußtheit des Horoskopinhabers.

Gürtel des Orion (zwei Sterne) (2) bei 22° und 23° Zwillinge:
Jupiter-Mars-Charakter; wirken aber wie Merkur durch Stellung im Zeichen; besonders am Aszendenten und in Konjunktion mit Merkur oder Mond wacher Verstand sowie eventuell mediale Gaben.

Al-Heka (3) bei 23° Zwillinge:
Mars-Wesen mit geringer Uranus-Strahlung; bringt Unruhe oder Abenteuer und Verstärkung der Marskraft mit sich.

Polarstern (2) bei 28° Zwillinge:
Saturn-Venus- oder Saturn-Sonne-Natur; eine hohe positive Wirkung,

die Bereitschaft zur spirituellen Entfaltung und Beachtung der wahren, inneren Prioritäten für ein erfülltes Leben verlangt.

Beteigeuze (1) bei 28° Zwillinge:
Mars-Merkur-Natur; ähnlich wie Bellatrix, aber günstiger; besonders in Verbindung mit Jupiter Chance, zu Ruhm und Reichtum zu gelangen.

Menkalinam (2) bei 29° Zwillinge:
Jupiter-Charakter mit Mars- und Venuseinschlag (Robson nennt Mars-Merkur-Strahlung); gilt bei Mars eher problematisch bis übel.

Tejat (3) bei 3° Krebs:
Merkur-Venus-Wesen; günstig, auch materiell – in Konjunktion mit Mond oder MC Reichtum, lt. Vehlow. Robson meint: » ... verursacht Gewalt, Stolz, Vermessenheit und Schamlosigkeit.«

Alhena (2) bei 8° Krebs:
Venus-Merkur-Jupiter-Natur; Förderung auf vielen Gebieten, in Verbindung mit Venus vor allem im künstlerischen Bereich.

Sirius (1) bei 13° Krebs:
Mars-Jupiter-Kraft; Ehrgeiz und Erfolgsstreben, Aufstieg unter Anstrengung oder Gefahren; besonders in Verbindung mit Mond, Merkur und Jupiter förderlich für die geistige Entwicklung.

Canopus (1) bei 14° Krebs:
Saturn-Jupiter-Natur; Wirkung hängt von der Grundstellung von Saturn und Jupiter im Horoskop des Fragestellers ab; bei harmonischem Grundhoroskop Hilfen für geistige Harmonie, bei disharmonischem Grundhorosokop saturnische Hemmungen.

Wasat (3) bei 18° Krebs:
Saturnkraft mit Venuseinfluß; bei unbewußten Menschen zerstörerisch wirkend, bei geistig entwickelten bewußtseinserweiternd; mit Aszendent, Sonne und Mond mundan eher negativ.

Castor (2) bei 19° Krebs:
Merkur-Jupiter-Natur; freundliche Wirkung, besonders in Verbindung mit Mond oder Merkur.

Pollux (1) bei 22° Krebs:
Mars-Natur; eher problematisch, besonders in Verbindung mit Sonne, Mond, Merkur, Mars oder Saturn.

Procyon (1) bei 25° Krebs:
Mars-Merkur-Wesen; günstig für »Befehlshaber« und »Kriegshelden«, sonst Neigung zur energisch vertretenen Rechthaberei.

Präsepe bei 6° Löwe:
Mond-Mars-Natur; Beziehungen zum Jenseits, zur Astralebene, zu Verstorbenen – aber auch zu Verführbarkeit oder Gemütsschwäche.

Nördlicher und südlicher Esel (4–5) bei 7° und 8° Löwe:
Mars-Sonne-Kraft; wirken auf Mars und Pluto negativ; Sonne, Mond und Neptun können angeregt werden; bei anderen Planeten wirkungslos.

Kochab bei 12° Löwe:
Marsstrahlung; bringt geistige Unruhe, bei Konjunktion mit schlecht gestellter Sonne zeitweise Gemütsverwirrungen.

Akubens (4) bei 13° Löwe:
Mars-Saturn-Natur; sprunghafte Wirkung, bringt geistige Unruhe oder Rastlosigkeit mit sich.

Dubhe (Bär) bei 14° Löwe:
Starke Marskraft, die leicht zerstörerisch wirken soll; besonders politisch-gesellschaftlich mit Saturn.

Merak bei 18° Löwe:
Mars-Wesen; entfaltet in Herrschaftshoroskopen seine expansive Wirkung.

Ras elased australis (3) bei 20° Löwe:
Saturn-Mars-Natur; vermittelt hochgeistige Strahlungen und gedankliche Klarheit verbunden mit großer Entschlossenheit (Bismarck hatte diesen Stern am Aszendenten); bei unbewußt lebenden Menschen wird die Wirkung eher bedrückend oder gefährdend sein.

Alphard (2) bei 26° Löwe:
Saturn-Venus-Neptun-Natur; Chancen zu hoher Inspiration und my-

stischer Versenkung, mit Mars oder Neptun allerdings eher Neigung zu Unbeherrschtheit oder Schwärmerei.

Hals des Löwen (3) bei 27° Löwe:
Mars- oder Saturn-Merkur-Kraft (umstritten); stark negativ wirkend, Krieg, Wechselfälle im Krieg; am Aszendent im Solarhoroskop Neigung zu gefährlichen Krankheiten. Mitunter großer Kriegserfolg, wenn am MC.

Regulus (»Königsstern«) (1) bei 29° Löwe:
Jupiter-Mars-Natur; vor allem in Verbindung mit Sonne, Jupiter oder Aszendent oder MC sieghafter Aufstieg und Machtfülle; in Verbindung mit Saturn unter Umständen Gefahr des jähen Absturzes.

Alioth bei 8° Jungfrau:
Mars-Natur; wirkt angeblich »zerstörerisch«, vor allem in Verbindung mit Sonne oder Mond (als ein Beispiel wird Abtreibung genannt).

Zosma (2) bei 10° Jungfrau:
Saturn-Venus-Wesen; geistige Beweglichkeit, Neigung zur Melancholie; neptunische Wirkungen (Illusionen, Vergiftungsgefahren).

Mizar bei 15° Jungfrau:
Mars-Natur; Neigung zur Impulsivität, in Verbindung mit schlecht aspektiertem Mars, Saturn oder Uranus Tendenz zu unsozialen Einstellungen und Verhaltensweisen.

Denebola (2) bei 21° Jungfrau:
Uranus-Natur; plötzliche, oft gewaltsame Veränderungen.

Coma Berenicae (5) bei 23° Jungfrau:
Mond-Venus-Natur; schwach harmonische Wirkung, besonders für die (Mit-)Empfindungsfähigkeit, vor allem mit Mond, Venus und Neptun.

Benetnasch bei 26° Jungfrau:
Mars-Uranus-Saturn-Natur; der arabische Name beduetet »Klageweiber«; man muß von einer meist eher Trauer verursachenden Wirkung ausgehen – es sei denn, daß der betreffende Mensch spirituell bewußt geworden ist.

Kopf der Jungfrau (Zavijava) (3–4) bei 27° Jungfrau:
Merkur-Mars-Strahlung; schwach wirksam; macht eigensinnig und zänkisch bei Konjunktion mit Mars, Uranus, Pluto und schlecht gestelltem Merkur sowie bei Venus in Frauenhoroskopen, wenn diese von Mars verletzt ist.

Markeb (2–3) bei 28° Jungfrau:
Saturn-Jupiter-Wesen; nach anfänglichen Schwierigkeiten Wendungen zum Guten.

Vindemiatrix (3) bei 9° Waage:
Saturn-Merkur-Natur; günstig für Konzentration und Meditation; ungünstig für Menschen, die zu Depressionen neigen.

Algorab (3) bei 13° Waage:
Mars-Saturn-Natur; bei Saturn- oder Marsspannungen im Grundhoroskop Behinderungen des materiellen Vorwärtskommens sowie nur mühevoll mögliche Konzentrationsfähigkeit.

Südliche Waageschale (2–3) bei 14° Waage:
Mars-Saturn-Charakter (nach Robson Jupiter-Mars); im allgemeinen schlechte Wirkung, sowohl individuell als mundan.

Seginus (3) bei 17° Waage:
Merkur-Saturn-Natur; subtiler Geist, Vorsicht vor falschen Freunden.

Nördliche Waageschale (2–3) bei 19° Waage:
Jupiter-Merkur-Charakter mit geringem Marseinschlag; besonders bei Sonne, Mond, Jupiter und Mars günstig.

Arcturus (1) bei 23° Waage:
Jupiter-Mars-Natur; verleiht Reichtum, vor allem in Verbindung mit Jupiter und Aszendenten; es ist Vorsicht bei anfangs glückhaften Unternehmungen angesagt, um Erreichtes später nicht noch zu gefährden.

Spica (1) bei 23° Waage:
Venus-Mars-Natur; in Verbindung mit Venus künstlerische Talente, mit Jupiter geistige Würden und/oder weitreichende Erkenntnisse sowie eventuell Reichtum, mit Aszendentem oder MC öffentliche Anerkennung, mit Sonne oder Mond Berühmtheit, mit Merkur oder Uranus intuitives Denken; insgesamt eine positive Wirkung.

Rechter Fuß der Jungfrau bei 9° Skorpion:
Venus-Mars-Strahlung; wirkt sexuell anregend oder aufreizend.

Acrux (1) bei 11° Skorpion:
Jupiter-Wesen; förderlich für Bewußtseinsentwicklung und idealistische Ziele.

Unk Elhaija (Unukalhai) (2–3) bei 21° Skorpion:
Mars-Kraft; auch Saturn-Charakter; insgesamt zerstörerische Wirkung.

Alpha Centauri bei 23° Skorpion:
Venus-Jupiter-Natur; fördert Aufstieg und Anerkennung und hat allgemein eine sehr günstige Wirkung.

Beta Centauri bei 29° Skorpion:
Venus-Jupiter-Natur; wie oben.

Yed I (3) bei 2° Schütze:
Saturn-Charakter mit Einschlag Neptun und Venus; Ausschreitungen und Exzesse bei impulsiven, unbeherrschten Menschen.

Akrab (2) bei 2° Schütze:
Marskraft, mit geistiger Saturnstrahlung; mit Mond materiell ungünstig, mit Sonne möglicherweise fördernd.

Zwerchfell des Skorpions bei 7° Schütze:
Mars-Jupiter-Charakter; mit Mars, Saturn oder Uranus »zersprengende« Wirkung, sonst weniger gefährlich.

Antares (1) bei 9° Schütze:
Mars-Saturn-Natur mit schwacher Merkur-Jupiter-Komponente; oft aggressive Einstellung, dabei geistige Wachheit und gutes Gedächtnis.

Bauch des Skorpions bei 11° Schütze:
Mars-Jupiter-Natur; impulsive oder plötzlich und energisch aufbrechende Kräfte, die in Verbindung mit Mars, Saturn oder Uranus eher zerstörerisch wirken könnten.

Ras Algethi bei 15° Schütze:
Mars-Venus-Charakter; Kühnheit und Streben nach Macht sowie geistige Fähigkeiten werden verstärkt.

Ras Alhague (2) bei 22° Schütze:
Saturn-Venus-Neptun-Natur; in Verbindung mit dem Mond Neigung zu Mißbrauch von Genußgiften, sonst eher zwiespältige Wirkungen; bei geistig entwickelten Menschen Ansporn zur disziplinierten und opferbereiten Erforschung neuer äußerer und innerer Räume.

Lesath (3) bei 24° Schütze:
Mars-Merkur-Natur, heißt auf arabisch »Stachel des Skorpions«; wirkt aufpeitschend und verwirrend auf das Gemüt, vor allem im Zusammenhang mit Massenbewegungen oder mit kollektiven Verhaltensweisen.

Stachel des Skorpions bei 25° Schütze:
Mond-Mars-Strahlung; bei schlechter Mars-Stellung Gefahren durch Gewalttätigkeit.

Ettanin bei 27° Schütze:
Saturn-Jupiter-Natur; gute Konzentrationsfähigkeit und Offenheit für geistige Studien.

Bogen des Schützen bei 5° Steinbock:
Jupiter-Mars-Wesen; Menschenliebe und Tatkraft verbinden sich zu wohltuender Wirkung, falls das Grundhoroskop keine illusionären Tendenzen aufweist; unter Umständen auch Fülle durch Jupiterkraft, die immer wieder voreilig und/oder zu freigiebig weitergegeben oder »verschenkt« wird.

Gesicht des Schützen bei 13° Steinbock
Jupiter-Sonne-Natur; grundsätzlich sehr positive Wirkung, die allerdings meist nicht materiell, sondern nur spirituell spürbar wird.

Wega (1) bei 14° Steinbock:
Venus-Merkur-Neptun-Natur, bei den Babyloniern war die Wega der »Stern der Lebensherrin«, in China »Königin-Mutter«; stark künstlerische und lebensschöpferische Wirkung, besonders stark in Verbindung mit Sonne, Mond, Venus und Jupiter.

Schwanz des Adlers (3) bei 19° Steinbock:
Mars-Jupiter-Wesen (eventuell richtiger Mars-Venus-Charakter); in Konjunktion mit Mond oder Venus Neigung zu Exzessen.

Albireo (2–3) bei 30° Steinbock:
Venus-Merkur-Charakter; positiv wirksam für sensible Menschen.

Unteres Pfeilende bei 30° Steinbock:
Mars-Venus-Charakter; »Saturn auf diesem Fixstern erzeugt grausame Menschen ... Taten der wildesten Zerstörungswut ... spielt daher mundan bei großen, blutigen Umwälzungen und in den Horoskopen der Führer solcher Bewegungen eine Rolle!« (Zitat Vehlow)

Atair (1) bei 1° Wassermann:
Mars-Kraft mit schwächerer Jupiterstrahlung; fördert den Aktivitätstrieb, besonders auf geistigen und kommerziellen Gebieten; unter Umständen Ehrungen.

Giedi (4) bei 3° Wassermann:
Venus-Merkur-Charakter; Aktivierung aber erst durch Mars-Konjunktion; Neigung zur Oberflächlichkeit.

Brust des Steinbocks (5) bei 12° Wassermann:
Merkur-Strahlung mit Mars-Einschlag, vielleicht auch mit Saturn; bei Merkur günstig, bei Mars unruhig machend, bei Saturn konzentrierend.

Schwanz des Delphins bei 13° Wassermann:
Mars-Saturn-Neptun-Natur; veränderliches Glück, eigentümliches Schicksal, eigenwillige Verhaltensweisen.

Rücken des Steinbocks (5) bei 13° Wassermann:
Wirkung ähnlich wie Saturn und Jupiter, wird eher als ungünstig angesehen.

Kopf des Delphins bei 16° Wassermann:
Mars-Saturn-Natur; ähnlich wie »Schwanz des Delphins«.

Bauch des Steinbocks bei 19° Wassermann:
Mars-Merkur-Natur; geistige Ruhelosigkeit oder ungezügelter Tatendrang bei unbewußt lebenden Menschen, Verständnis für strategische und technische Herausforderungen und ihre Umsetzung in die Realität bei Menschen mit entwickeltem Bewußtsein.

Deneb Algedi (1) bei 21° Wassermann:
Saturn-Jupiter-Natur; bei den Arabern gilt dieser Stern als »Glücksstern«!

Sadalmelek (3) bei 2° Fische:
Saturnkraft; reine, vergeistigte Saturnstrahlung, im arabischen heißt dieser Stern »Glücklicher König«!

Fomalhaut (1) bei 3° Fische:
Merkur-Venus-Natur; stark merkurielle Wirkung, in finanzieller und intellektueller Hinsicht.

Deneb im Schwan (1) bei 5° Fische:
Venus-Merkur-Natur; Talente und Erfolge auf künstlerischem Gebiet, vor allem auch durch kommerzielle Auswertung von Kunst.

Achernar (1) bei 14° Fische:
Jupiter, mit Einschlag Mars-Uranus; gibt geistliche Würden, besonders mit Jupiter.

Markab (2) bei 23° Fische:
Mars-Merkur-Natur; mehr mentale als physische Wirkungen, eventuell propagandistische Begabung; macht insgesamt eher rastlos, vor allem in Verbindung mit Mars, Mond und Merkur, besonders wenn diese im Grundhoroskop disharmonisch gestellt sind.

Scheat (2) bei 29° Fische:
Saturnkraft (nach Robson Mars-Merkur); Wassergefahren, Schiffbruch, aber auch Anregung zur Vergeistigung.

Konjunktionen gelten bei bis zu einem Grad Abweichung. Ist Ihre Sonne also bei 22 Grad Fische, so kann man noch von einer Konjunktion mit Markab ausgehen, der bei 23 Grad Fische steht.
Oppositionen gelten vermutlich nur bei genauem 180-Grad-Winkel.
Das letzte Wort zum Orbis, dem Umkreis bzw. der Abweichung, bis zu der eine Konjunktion oder Opposition noch gilt, haben Sie selbst und Ihre eigene Erfahrung!

Tabelle zur Bestimmung des ungefähren Aszendenten

Sie sollten Ihren Aszendenten genau ausrechnen lassen. Dazu braucht man die Angaben zum Geburtstag, zum Geburtsort und zur Geburtszeit, am besten auf mindestens fünf Minuten genau. Auf die Angaben der Eltern ist erfahrungsgemäß leider wenig Verlaß. Am besten schreiben Sie an das Standesamt Ihres Geburtsorts und bitten um die offizielle Eintragung der Geburtszeit im amtlichen Register. Legen Sie einen adressierten und frankierten Rückumschlag bei.
Damit Sie nun aber wenigstens ungefähr Ihren persönlichsten Punkt im Horoskop, Ihren Aszendenten, kennen, ist hier eine Tabelle abgedruckt, aus der Sie ihn in etwa ablesen können. Ungenauigkeiten ergeben sich nicht nur dadurch, daß Sie selbst Ihre Geburtszeit vielleicht nicht genau wissen, sondern auch dadurch, daß der Aszendent von der geographischen Position auf der Erde abhängt. Wenn ein Mensch um 9 Uhr früh am 2. April in Berlin geboren wird, so ist sein Aszendent anders als der von jemandem, der zwar genau zur selben Minute geboren wurde, aber etwa sehr viel weiter westlich und südlich, also zum Beispiel in Zürich. Hundertprozentig genau kann die folgende Tabelle nicht sein – sonst müßten mehrere Tabellen für die verschiedenen geographischen Positionen in Mitteleuropa abgedruckt sein –, aber sie reicht, um den Aszendenten und die Häuserpositionen in etwa zu bestimmen. Nach diesen notwendigen Vorbemerkungen nun zur Schnellbestimmung Ihres Aszendenten.
Die Tabelle gilt für Mitteleuropa. Die Geburtstage sind pro Tierkreiszeichen in drei »Dekaden« aufgeteilt.

- Sie kennen Ihren Geburtstag.
- Sie kennen (bzw. vermuten) Ihre Geburtszeit. Runden Sie diese auf fünf Minuten ab oder auf.
- Prüfen Sie in einer Sommerzeittabelle, ob es an Ihrem Geburtstag eine sogenannte Sommerzeit gab. Falls ja, müssen Sie von Ihrer Geburtszeit eine Stunde abziehen!
- Suchen Sie Ihren Geburtstag in der richtigen Dekade in der Tabelle.
- Suchen Sie unter der Spanne der Uhrzeiten, die dort angegeben sind, die Spanne, in welche Ihre Geburtszeit fällt (die eventuell bereits um die minus eine Stunde Sommerzeit korrigiert wurde).

- Lesen Sie ab, welches Tierkreiszeichen an Ihrem Aszendenten stand.
- Sie können auch abschätzen, ob Ihr Aszendent mehr am Anfang, in der Mitte oder am Ende des Zeichens stand, je nachdem, ob sich Ihre Geburtszeit mehr am Anfang, in der Mitte oder am Ende der angegebenen Zeitspanne befindet.

Widder

Geburtstag	21.3.–31.3.	01.4.–10.4.	11.4.–20.4.
Aszendent	Geburtszeit	Geburtszeit	Geburtszeit
Widder	06h30–07h30	06h00–07h00	05h15–06h15
Stier	07h30–08h45	07h00–08h15	06h15–07h30
Zwillinge	08h45–10h30	08h15–10h00	07h30–09h15
Krebs	10h30–13h00	10h00–12h30	09h15–11h45
Löwe	13h00–15h45	12h30–15h15	11h45–14h30
Jungfrau	15h45–18h30	15h15–18h00	14h30–17h15
Waage	18h30–21h15	18h00–20h45	17h15–20h00
Skorpion	21h15–24h00	20h45–23h30	20h00–22h45
Schütze	00h00–02h30	23h30–02h00	22h45–01h15
Steinbock	02h30–04h15	02h00–03h45	01h15–03h00
Wassermann	04h15–05h30	03h45–05h00	03h00–04h15
Fische	05h30–06h30	05h00–06h00	04h15–05h15

Stier

Geburtstag	21.4.–30.4.	01.5.–10.5.	11.5.–21.5.
Aszendent	Geburtszeit	Geburtszeit	Geburtszeit
Widder	04h30–05h30	04h00–05h00	03h30–04h30
Stier	05h30–06h45	05h00–06h15	04h30–05h45
Zwillinge	06h45–08h30	06h15–08h00	05h45–07h30
Krebs	08h30–11h00	08h00–10h30	07h30–10h00
Löwe	11h00–13h45	10h30–13h15	10h00–12h45
Jungfrau	13h45–16h30	13h15–16h00	12h45–15h30
Waage	16h30–19h15	16h00–18h45	15h30–18h15
Skorpion	19h15–22h00	18h45–21h30	18h15–21h00
Schütze	22h00–00h30	21h30–24h00	21h00–23h30
Steinbock	00h30–02h15	00h00–01h45	23h30–01h15
Wassermann	02h15–03h30	01h45–03h00	01h15–02h30
Fische	03h30–04h30	03h00–04h00	02h30–03h30

Zwillinge

Geburtstag	22.5.–31.5.	01.6.–10.6.	11.6.–21.6.
Aszendent	Geburtszeit	Geburtszeit	Geburtszeit

Widder	03h00–04h00	02h30–03h30	01h45–02h45
Stier	04h00–05h15	03h30–04h45	02h45–04h00
Zwillinge	05h15–07h00	04h45–06h30	04h00–05h45
Krebs	07h00–09h30	06h30–09h00	05h45–08h15
Löwe	09h30–12h15	09h00–11h45	08h15–11h00
Jungfrau	12h15–15h00	11h45–14h30	11h00–13h45
Waage	15h00–17h45	14h30–17h15	13h45–16h30
Skorpion	17h45–20h30	17h15–20h00	16h30–19h15
Schütze	20h30–23h00	20h00–22h30	19h15–21h45
Steinbock	23h00–00h45	22h30–00h15	21h45–23h30
Wassermann	00h45–02h00	00h15–01h30	23h30–00h45
Fische	02h00–03h00	01h30–02h30	00h45–01h45

Krebs

Geburtstag	22.6.–30.6.	01.07.–11.7.	12.7.–22.7.
Aszendent	Geburtszeit	Geburtszeit	Geburtszeit
Widder	01h00–02h00	00h30–01h30	00h00–01h00
Stier	02h00–03h15	01h30–02h45	01h00–02h15
Zwillinge	03h15–05h00	02h45–04h30	02h15–04h00
Krebs	05h00–07h30	04h30–07h00	04h00–06h30
Löwe	07h30–10h15	07h00–09h45	06h30–09h15
Jungfrau	10h15–13h00	09h45–12h30	09h15–12h00
Waage	13h00–15h45	12h30–15h15	12h00–14h45
Skorpion	15h45–18h30	15h15–18h00	14h45–17h30
Schütze	18h30–21h00	18h00–20h30	17h30–20h00
Steinbock	21h00–22h45	20h30–22h15	20h00–21h45
Wassermann	22h45–24h00	22h15–23h30	21h45–23h00
Fische	00h00–01h00	23h30–00h30	23h00–24h00

Löwe

Geburtstag	23.7.–31.7.	01.8.–11.8.	12.8.–22.8.
Aszendent	Geburtszeit	Geburtszeit	Geburtszeit
Widder	22h45–23h45	22h15–23h15	21h30–22h30
Stier	23h45–01h00	23h15–00h30	22h30–23h45
Zwillinge	01h00–02h45	00h30–02h15	23h45–01h30
Krebs	02h45–05h15	02h15–04h45	01h30–04h00
Löwe	05h15–08h00	04h45–07h30	04h00–06h45
Jungfrau	08h00–10h45	07h30–10h15	06h45–09h30
Waage	10h45–13h30	10h15–13h00	09h30–12h15
Skorpion	13h30–16h15	13h00–15h45	12h15–15h00
Schütze	16h15–18h45	15h45–18h15	15h00–17h30

Steinbock	18h45–20h30	18h15–20h00	17h30–19h15
Wassermann	20h30–21h45	20h00–21h15	19h15–20h30
Fische	21h45–22h45	21h15–22h15	20h30–21h30

Jungfrau			
Geburtstag	24.8.–31.8.	01.9.–11.9.	12.9.–22.9.
Aszendent	Geburtszeit	Geburtszeit	Geburtszeit
Widder	20h30–21h30	20h00–21h00	19h15–20h15
Stier	21h30–22h45	21h00–22h15	20h15–21h30
Zwillinge	22h45–00h30	22h15–24h00	21h30–23h15
Krebs	00h30–03h00	00h00–02h30	23h15–01h45
Löwe	03h00–05h45	02h30–05h15	01h45–04h30
Jungfrau	05h45–08h30	05h15–08h00	04h30–07h15
Waage	08h30–11h15	08h00–10h45	07h15–10h00
Skorpion	11h15–14h00	10h45–13h30	10h00–12h45
Schütze	14h00–16h30	13h30–16h00	12h45–15h15
Steinbock	16h30–18h15	16h00–17h45	15h15–17h00
Wassermann	18h15–20h30	17h45–19h00	17h00–18h15
Fische	19h30–20h30	19h00–20h00	18h15–19h15

Waage			
Geburtstag	23.9.–30.9.	01.10.–11.10.	12.10.–23.10.
Aszendent	Geburtszeit	Geburtszeit	Geburtszeit
Widder	18h30–19h30	18h00–19h00	17h15–18h15
Stier	19h30–20h45	19h00–20h15	18h15–19h30
Zwillinge	20h45–22h30	20h15–22h00	19h30–21h15
Krebs	22h30–01h00	22h00–00h30	21h15–23h45
Löwe	01h00–03h45	00h30–03h15	23h45–02h30
Jungfrau	03h45–06h30	03h15–06h00	02h30–05h15
Waage	06h30–09h15	06h00–08h45	05h15–08h00
Skorpion	09h15–12h00	08h45–11h30	08h00–10h45
Schütze	12h00–14h30	11h30–14h00	10h45–13h15
Steinbock	14h30–16h15	14h00–15h45	13h15–15h00
Wassermann	16h15–17h30	15h45–17h00	15h00–16h15
Fische	17h30–18h30	17h00–18h00	16h15–17h15

Skorpion			
Geburtstag	24.10.–31.10.	01.11.–11.11.	12.11.–22.11.
Aszendent	Geburtszeit	Geburtszeit	Geburtszeit
Widder	16h30–17h30	15h45–16h45	15h15–16h15
Stier	17h30–18h45	16h45–18h00	16h15–17h30

Zwillinge	18h45–20h30	18h00–19h45	17h30–19h15
Krebs	20h30–23h00	19h45–22h15	19h15–21h45
Löwe	23h00–01h45	22h15–01h00	21h45–00h30
Jungfrau	01h45–04h30	01h00–03h45	00h30–03h15
Waage	04h30–07h15	03h45–06h30	03h15–06h00
Skorpion	07h15–10h00	06h30–09h15	06h00–08h45
Schütze	10h00–12h30	09h15–11h45	08h45–11h15
Steinbock	12h30–14h15	11h45–13h30	11h15–13h00
Wassermann	14h15–15h30	13h30–15h45	13h00–14h15
Fische	15h30–16h30	14h45–15h45	14h15–15h15

Schütze

Geburtstag	23.11.–30.11.	01.12.–11.12.	12.12.–21.12.
Aszendent	Geburtszeit	Geburtszeit	Geburtszeit
Widder	14h30–15h30	13h45–14h45	13h15–14h15
Stier	15h30–16h45	14h45–16h00	14h15–15h30
Zwillinge	16h45–18h30	16h00–17h45	15h30–17h15
Krebs	18h30–21h00	17h45–20h15	17h15–19h45
Löwe	21h00–23h45	20h15–23h00	19h45–22h30
Jungfrau	23h45–02h30	23h00–01h45	22h30–01h15
Waage	02h30–05h15	01h45–04h30	01h15–04h00
Skorpion	05h15–08h00	04h30–07h15	04h00–06h45
Schütze	08h00–10h30	07h15–09h45	06h45–09h15
Steinbock	10h30–12h15	09h45–11h30	09h15–11h00
Wassermann	12h15–13h30	11h30–12h45	11h00–12h15
Fische	13h30–14h30	12h45–13h45	12h15–13h15

Steinbock

Geburtstag	22.12.–31.12.	01.1.–11.1.	12.1.–20.1.
Aszendent	Geburtszeit	Geburtszeit	Geburtszeit
Widder	12h15–13h15	11h45–12h45	11h15–12h15
Stier	13h15–14h30	12h45–14h00	12h15–13h30
Zwillinge	14h30–16h15	14h00–15h45	13h30–15h15
Krebs	16h15–18h45	15h45–18h15	15h15–17h45
Löwe	18h45–21h30	18h15–21h00	17h45–20h30
Jungfrau	21h30–00h15	21h00–23h45	20h30–23h15
Waage	00h15–03h00	23h45–02h30	23h15–02h00
Skorpion	03h00–05h45	02h30–05h15	02h00–04h45
Schütze	05h45–08h15	05h15–07h45	04h45–07h15
Steinbock	08h15–10h00	07h45–09h30	07h15–09h00
Wassermann	10h00–11h15	09h30–10h45	09h00–10h15
Fische	11h15–12h15	10h45–11h45	10h15–11h15

Wassermann

Geburtstag	21.1.–31.1.	01.2.–10.2.	11.2.–18.2.
Aszendent	Geburtszeit	Geburtszeit	Geburtszeit
Widder	10h30–11h30	10h00–11h00	09h15–10h15
Stier	11h30–12h45	11h00–12h15	10h15–11h30
Zwillinge	12h45–14h30	12h15–14h00	11h30–13h15
Krebs	14h30–17h00	14h00–16h30	13h15–15h45
Löwe	17h00–19h45	16h30–19h15	15h45–18h30
Jungfrau	19h45–22h30	19h15–22h00	18h30–21h15
Waage	22h30–01h15	22h00–00h45	21h15–24h00
Skorpion	01h15–04h00	00h45–03h30	24h00–02h45
Schütze	04h00–06h30	03h30–06h00	02h45–05h15
Steinbock	06h30–08h15	06h00–07h45	05h15–07h00
Wassermann	08h15–09h30	07h45–09h00	07h00–08h15
Fische	09h30–10h30	09h00–10h00	08h15–09h15

Fische

Geburtstag	19.2.–29.2.	01.3.–10.3.	11.3.–20.3.
Aszendent	Geburtszeit	Geburtszeit	Geburtszeit
Widder	08h30–09h30	08h15–09h15	07h30–08h30
Stier	09h30–10h45	09h15–10h30	08h30–09h45
Zwillinge	10h45–12h30	10h30–12h15	09h45–11h30
Krebs	12h30–15h00	12h15–14h45	11h30–14h00
Löwe	15h00–17h45	14h45–17h30	14h00–16h45
Jungfrau	17h45–20h30	17h30–20h15	16h45–19h30
Waage	20h30–23h15	20h15–23h00	19h30–22h15
Skorpion	23h15–02h00	23h00–01h45	22h15–01h00
Schütze	02h00–04h30	01h45–04h15	01h00–03h30
Steinbock	04h30–06h15	04h15–06h00	03h30–05h15
Wassermann	06h15–07h30	06h00–07h15	05h15–06h30
Fische	07h30–08h30	07h15–08h15	06h30–07h30

Ihr Planetenkalender für das ganze Leben

Die ganze Schöpfung, der gesamte Kosmos ist voller Schwingungen und Rhythmen, die sich nach bestimmten Zeitzyklen gestalten. Elektronen schwingen um den Atomkern auf eine natürlich geordnete Weise. Innerhalb des Sonnensystems ziehen die Planeten nach geordneten Rhythmen ihre Bahnen (normalerweise zumindest, wenn es keine größeren kosmischen »Katastrophen« gibt). Das Wachstum von Mensch, Tier und Pflanze folgt gewissen Gesetzen, denen gemeinsam ist, daß sie durch Zeitzyklen bestimmt werden. Geburt, Kindheit, Jugend, Erwachsenenzeit, Alter, Greisenalter, Tod ist der uns allen wohlvertraute grobe Rhythmus des körperlichen Lebens. Wenn wir das Muster, den Rhythmus eines Vorgangs, Ereignisses oder Prozesses erfassen, erschließen sich die Gesetze des Ablaufs und der Sinn auf eine neue Weise.
Im Rahmen der astrologischen Lebensbetrachtung gibt es »Zeitraster«, welche von den Planeten bestimmt sind. Der verstorbene Astrologe und Philosoph Thomas Ring griff den Siebener-Rhythmus auf, den auch andere Astrologen vor ihm beobachtet und als wichtig erkannt hatten, fand aber zu neuen Entsprechungen. Seine Sichtweise ist in den hier vorgestellten persönlichen Planetenkalender mit eingeflossen. (Siehe auch Thomas Ring, »Astrologische Menschenkunde – Kräfte und Kräftebeziehungen«, Bauer Verlag, Freiburg; Literaturhinweise.)

Frühphase

Das 1. Lebensjahr wird vom Mond bestimmt. Das Kind ist ganz auf die Mutter eingestellt und angewiesen. Es lebt sowohl körperlich wie seelisch mit und durch die Mutter.
Im 2. Lebensjahr beginnt sich das Kind zu artikulieren und fängt an, mit seinem Körper nach eigenem Willen umzugehen. Dieses Jahr wird vom Merkur bestimmt.
Über dem 3. Lebensjahr steht Venus. Gemeinschaftssinn entsteht, es ist die Zeit der einfachen Märchen, des Träumens und der sinnlichen Anschauung. Ring spricht auch von »infantiler Erotik« in diesem Lebensjahr.

Im 4. Lebensjahr tritt die Ausbildung des Selbstbewußtseins stärker in den Vordergrund des Geltungsdrangs (Trotzalter!), man spricht mehr in Ich-Form und kann mittlerweile zwischen Subjekt und Objekt klar unterscheiden. Dies ist das »Sonnenjahr«.
Das 5. Lebensjahr ist in dieser Entsprechung das Marsjahr. Tätigkeitstrieb und Forscherdrang treten hervor, man versucht zu bauen und noch häufiger zur Untersuchung zu zerlegen. Der Ich-Wille bestimmt dieses Alter stark – jetzt muß der junge Mensch auch seine Grenzen kennenlernen. Er braucht viel körperliche Bewegung!
Im 6. Lebensjahr machen sich Abenteuerlust, Eroberungsdrang bemerkbar. Die Seele wird aufnahmefähig für Sinnzusammenhänge und für ein spirituell-religiöses Welterleben. Dem entspricht Jupiter.
Im 7. Lebensjahr findet die Ablösung vom Kleinkindalter statt. Mit dem Eintritt in die Schule gehen soziale Anpassung, Beginn der Eigenverantwortlichkeit und Eingewöhnung in festere Strukturen einher. Hier finden wir den Planeten Saturn als symbolischen Regenten.
Von nun an geht es in Schritten von jeweils sieben Jahren weiter. Jeder Abschnitt von sieben Jahren wird in seinem Gesamtcharakter abwechselnd von einem Planeten in der geschilderten Reihenfolge repräsentiert. Zusätzlich gilt für jedes einzelne Jahr noch der symbolische »Einfluß« des »Jahresplaneten«.

Hauptphasen

Zu den einzelnen Lebensjahren nenne ich zuerst den Planeten, dessen symbolische Qualitäten die gesamte Spanne der jeweils sieben Jahre prägt, danach den Planeten, der in dieser Abfolge für ein Jahr lang seine »Färbung« mit dazugibt. Danach folgen die zwei Schlüsselworte, welche die Qualitäten der beiden Planeten griffig – wenn auch stark vereinfacht! – repräsentieren. Diese Schlüsselworte vermitteln einen ersten Eindruck, welche Themen, Erfahrungen, Erlebnisweisen und Qualitäten in diesem Jahr besonders wichtig sind – entweder, weil Sie sie anstreben, oder weil sie Ihnen zum Problem werden. Natürlich sind nicht nur diese Merkmale allein vorhanden, aber sie kennzeichnen doch recht treffend, was das übergreifende Motto darstellt. Sie werden merken, daß ich (als »Sonnentyp«) dazu neige, die positiven Seiten des Lebens in den Vordergrund zu stellen. Probleme machen sich leider schon von selbst bemerkbar, aber wir alle richten viel zu wenig unser Augenmerk auf die Chancen, ein besseres, bewußteres und harmonischeres Leben zu führen.

8 – 14 Jahre

Die Mondphase: Zeit des traumhaften Beginns

Kindliche Entwicklung durch Nachahmung, bereitwillige Aufnahme von Informationen und Anschauungen, meist unbewußte Persönlichkeitsbildung durch unmittelbares Erleben. Positive Beispiele sind unabdingbare Voraussetzung für eine später sichere Lebensführung.

8	Mond/Mond	Gefühl/Familiensinn
9	Mond/Merkur	Gefühl/Sprechbedürfnis
10	Mond/Venus	Gefühl/Sehnsucht, geliebt zu werden
11	Mond/Sonne	Gefühl/Entwicklung von Selbstbewußtsein
12	Mond/Mars	Gefühl/Kräfte erproben
13	Mond/Jupiter	Gefühl/Entfaltungsmöglichkeit
14	Mond/Saturn	Gefühl/Konzentrationsfähigkeit

15 – 21 Jahre

Die Merkurphase: Zeit der suchenden Intelligenz

Formung eigener Standpunkte, oft noch schwankend und unreif-übertrieben; Gefahr der Verführungen und »Verirrungen«, falls keine klare geistige Führung vorhanden ist. Werte müssen von Erwachsenen klar definiert und vorgelebt werden.

15	Merkur/Mond	Verstand/Wechselnde Stimmungen
16	Merkur/Merkur	Verstand/Ausdrucksfähigkeit
17	Merkur/Venus	Verstand/Erste Liebeserfahrung
18	Merkur/Sonne	Verstand/Selbstbestimmung
19	Merkur/Mars	Verstand/Sportliche Fähigkeiten
20	Merkur/Jupiter	Verstand/Erste eigene Verdienste
21	Merkur/Saturn	Verstand/Beharrungsvermögen

22 – 28 Jahre

Die Venusphase: Zeit der Liebe und Begegnungen

Intime Begegnungen mit einem Du außerhalb der Familie, Erblühen des erotischen Erlebens. Einrichtung im Leben nach eigenem Geschmack und Vermögen; Ausbildung sozialer Lebens- und Genußformen.

22	Venus/Mond	Liebe/Aufbau eigener Familie
23	Venus/Merkur	Liebe/Kommerzielle Interessen
24	Venus/Venus	Liebe/Sehnsucht nach Intimität
25	Venus/Sonne	Liebe/Lebensfreude
26	Venus/Mars	Liebe/Erotische Höhepunkte
27	Venus/Jupiter	Liebe/Entfaltung mit dem Du
28	Venus/Saturn	Liebe/Erfahrung von Grenzen

29 – 35 Jahre
Die Sonnenphase: Zeit schöpferischer Selbstentfaltung
Oft erreicht man schon in dieser Phase einen Höhepunkt in der beruflichen Stellung, an Geltung und Erfolg. Aktive Gestaltung des Lebens; Fähigkeit, Ziele zu definieren und Pläne konstruktiv umzusetzen.

29 Sonne/Mond	Ich/Neue Lebensträume
30 Sonne/Merkur	Ich/Intelligente Selbstkritik
31 Sonne/Venus	Ich/Harmoniebedürfnis
32 Sonne/Sonne	Ich/Schöpferische Pläne
33 Sonne/Mars	Ich/Energische Verwirklichung
34 Sonne/Jupiter	Ich/Gesellschaftliche Erfolge
35 Sonne/Saturn	Ich/Standvermögen bei Problemen

36 – 42 Jahre
Die Marsphase: Zeit der angespannten Durchsetzung
Auseinandersetzung mit Widerständen und Rivalitäten. Entweder erklimmt man jetzt noch höhere Gipfel der Leistungsfähigkeit und des Erfolgs, oder es zeigen sich erste Verschleißerscheinungen wegen zu großer Verausgabung.

36 Mars/Mond	Energie/Neue Sicht der Frau
37 Mars/Merkur	Energie/Finanzielle Pläne
38 Mars/Venus	Energie/»Zweiter Frühling«
39 Mars/Sonne	Energie/Stolz auf bislang Erreichtes
40 Mars/Mars	Energie/Selbstbehauptungswille
41 Mars/Jupiter	Energie/Gerechtigkeit
42 Mars/Saturn	Energie/Konservative Einstellungen

43 – 49 Jahre
Die Jupiterphase: Zeit des Erfolgs und der Reife
Besinnung auf nichtmaterialistische Werte, Öffnung für eine gelassenere Lebenseinstellung, Rücknahme allzu aggressiver Verfolgung von Zielen. Sinnsuche oder Sinnkrise bzw. »Torschlußpanik«.

43 Jupiter/Mond	Entfaltung/Entwicklung von Häuslichkeit
44 Jupiter/Merkur	Entfaltung/Grundlegende Gelderfolge
45 Jupiter/Venus	Entfaltung/Vertieftes Liebeserleben
46 Jupiter/Sonne	Entfaltung/Sicheres Selbstvertrauen
47 Jupiter/Mars	Entfaltung/Streben nach Jugendkraft
48 Jupiter/Jupiter	Entfaltung/Wohlstand bzw. Sinnsuche
49 Jupiter/Saturn	Entfaltung/Bewahrung des Bewährten

50 – 56 Jahre
Die Saturnphase: Zeit der Bewährung und Sicherung
Nun muß sich Erreichtes bewähren – sowohl im Hinblick auf die soziale Stellung und die materielle Sicherung als auch in bezug auf persönliche Lebensführung, bisherige Charakterbildung und geistige Ausrichtung.
Ring spricht mit Blick auf diese Zeitspanne u. a. vom »biographischen Alter« und Memoiren sowie vom »hippokratischen Alter« und Krankheiten.

50	Saturn/Mond	Sicherung/Gefühle wiederentdecken
51	Saturn/Merkur	Sicherung/Über Materielles nachdenken
52	Saturn/Venus	Sicherung/Liebe wieder mehr schätzen
53	Saturn/Sonne	Sicherung/Neue Identität finden
54	Saturn/Mars	Sicherung/Frische Kräfte mobilisieren
55	Saturn/Jupiter	Sicherung/Höhere Werte verinnerlichen
56	Saturn/Saturn	Sicherung/Alter sichern wollen

Spätphasen

57 – 63 Jahre
Neue Mondphase: Umstellung von mehr weltlichen Lebenszielen auf eine eher geistige Orientierung. Gespür für die wachsende Notwendigkeit, neue überkörperliche und transzendente Lebensquellen zu erschließen und wirken zu lassen.

64 – 70 Jahre
Neue Merkurphase: Ausbildung eines neuen Persönlichkeitsbewußtseins; zweckgebundenes Abwägen, was dem Menschen nutzt und was nicht. Dadurch weitere geistig-religiöse Zuwendung, wenn man früher dazu eine Basis gelegt hat.

71 – 77 Jahre
Neue Venusphase: Altersharmonie; universelle Menschenliebe oder Isolierung. Bei entsprechender Seelenneigung Öffnung für das eigene spirituelle Wesen und seine kosmische Heimat. Eine gute Zeit für Meditation. (Siehe auch Hinweis auf Meditation mit dem inneren Licht und Ton im Anhang unter dem Stichwort »Innere Astrologie«.)

78 – 84 Jahre

Neue Sonnenphase: Wenn das Leben zuvor bewußt geführt wurde, Erkenntnis »letzter« Dinge; bisweilen Gnadenerweise in Form von Einblicken in das Jenseits. Chance, die »innere Sonne« zu sehen. Allmähliche Lösung der bewußten Seele von den Verhaftungen an Erde und Materie.

Der Rückgang körperlicher und psychischer Kräfte hat bekanntlich mehr mit der früheren Lebensführung, mit genetischer Anlage und mit persönlichem Karma zu tun als mit dem biologischen Alter. Deshalb enthält dieser Planetenkalender keine Angaben zu diesem Thema.

Mit 84 Jahren schließt sich auch der Umlaufkreis des ersten »überpersönlichen« Planeten, des Uranus. Seine Umlaufzeit beträgt 84 Jahre; diese Zahl läßt sich in den archetypischen Siebener-Rhythmus teilen: 12 x 7. Danach würde es vom 85. bis zum 91. Jahr mit einer neuen Marsphase weitergehen, anschließend käme eine neue Jupiterphase und dann schließlich eine neue Saturnphase. Mangels astrologischer Erfahrungen mit genügend Menschen dieser Altersstufen ist eine praxisorientierte Deutung schlecht möglich.

Ein kleiner Exkurs

Sicher haben Sie bemerkt, daß hier nur die sieben »klassischen« Planeten als Entsprechung für die Lebensphasen gewählt wurden. Da es sich bei diesen sieben um die persönlichen und die sozialen, also unmittelbar erlebbaren Planetenprinzipien handelt, scheint das auch schlüssig.

Die »kollektiven« Planetenprinzipien (Uranus, Neptun, Pluto) scheinen vielen Astrologen noch nicht bewußt erspürbar. Ich stimme dem übrigens nicht zu. In den Planetenbüchern über diese drei kollektiven Planeten will ich versuchen, Ihnen das nachvollziehbar zu erklären.

Vielleicht werden eines schönen Tages aber noch zwei weitere, die »fehlenden« Planeten entdeckt. Sie würden dann wohl die Regentschaft für das Zeichen Jungfrau und das Zeichen Waage übernehmen. Bislang »beherrschen« nämlich nur Merkur (Zwillinge und Jungfrau) und Venus (Stier und Waage) zwei Sternzeichen.

Falls zwei weitere Planeten entdeckt würden, fiele womöglich auf jede Siebener-Phase einer der dann zwölf Planeten. (Sie wissen ja, daß wir aus sprachlichen Gründen Sonne und Mond als »Planeten« bezeichnen.) Dann käme der Uranuszyklus der 12 x 7 zu neuer Geltung!

Innere Astrologie: Pluto als Brücke in den Kosmos

Der astrologische Pluto konfrontiert uns mit Lernthemen, er fordert uns zur bewußten Entwicklung heraus, er präsentiert uns karmische Rechnungen. Pluto ist ein Symbol für den dumpfen Schlaf einer unwissenden und kollektiv gesteuerten Masse, für die Versuchung durch Verheißung überdurchschnittlicher Kräfte, für fanatisch verfolgte Ziele. Aber Pluto besitzt nicht nur diese schwierigen und fragwürdigen Seiten. Er verursacht, wenn er an bedeutsamer Stelle im Horoskop steht, wie Paris schreibt, »tiefgreifenden Schicksalswandel und zeitigt Ereignisse ganz ungewöhnlicher Art«.

Zu solchen ungewöhnlichen Ereignissen zählt das Heraufdämmern des Seelenbewußtseins, die Erkenntnis, daß wir Menschen mehr als Gefühle, Gedanken und Körper, mehr als materielle, chemisch-physikalisch-elektrisch funktionierende Organismen sind. Pluto bringt uns den Aspekt der Zeitlichkeit nahe. Er lädt uns ein oder drängt uns oder zwingt uns gar, festzustellen, daß unser irdisches Leben begrenzt ist. Damit wirft er die Frage auf, was jenseits der Grenzen liegt.

Manche Menschen versuchen mittels religiöser Dogmen diese Fragen zu beantworten, andere versuchen sich in Chakra-Experimenten, in Astralreisen, »Rückführungen« und weiteren okkult-esoterischen Bemühungen, Dimensionen der Transzendenz zu erschließen.

Die sogenannte Innere Astrologie schlägt einen anderen, nicht-magischen Weg vor. Sie sagt, daß der äußere Kosmos eine Spiegelung des inneren Kosmos darstellt. Sie stellt fest, daß es in der geistigen Welt der Seele ganz genauso einen gestirnten Himmel gibt, Sonnen, Monde und ganze Welten, wie wir sie rund um die Erde herum sehen. Die Innere Astrologie geht davon aus, daß die Bestimmung des Menschen darin liegt, nicht bei der Erforschung der Bedeutung von Sonne, Mond und Sternen stehen oder stecken zu bleiben, sondern diese wunderbaren Lichter des Himmels als eine Zwischenstation anzusehen und sich von ihren »Wirkungen« zu lösen, sie also zu überwinden. Es handelt sich demnach darum, jene Mitte des Menschen zu finden, in der er seine ursprünglich gottgewollte Freiheit von allen Bedingtheiten äußerer Einflüsse wiederfindet. Diese Mitte ist eine geistige Mitte, ihr »Ort« ist nicht auf der Erde, sondern in der Transzendenz, in Gott.

Wie findet man den Weg in den inneren Kosmos und die geistige Mitte? Indem man die Aufmerksamkeit der bewußten Seele an ihrem Sitz, am dritten Auge oder Augenzentrum sammelt, und sich von dort – mit Hilfe und und unter Führung eines erfahrenen »Reiseleiters« – nach und nach vom Körperbewußtsein löst und den inneren Blick öffnet für die wundersamen Gefilde der inneren Welten. Dabei erhalten wir eine Verbindung mit dem inneren Licht und der Musik der Sphären, die uns auf dem Weg zur Quelle der Schöpfung durch die transzendenten Regionen der Astral-, Kausal- und weiteren, höheren Welten geleiten. Wir erfahren, daß die gesamte Schöpfung von den Kräften des schattenlosen Lichts und des echolosen Klangs geschaffen und beseelt werden.
Dieser »Reiseleiter« ist das, was in der östlichen und der westlichen Mystik »Meister« genannt wird. Der Vorgang der Innenschau ist das, was in der östlichen Mystik spirituelle Meditation heißt und im christlichen Bereich mit dem Begriff Kontemplation bezeichnet wurde. Dabei handelt es sich um einen konkreten Vorgang, nicht um Einbildung oder Vorstellung. Dieser Vorgang gleicht dem Geschehen beim physischen Tode, wenn wir nach und nach oder ganz plötzlich das gewohnte Körperhaus verlassen (müssen), und Abschied nehmen (müssen) von der Welt und dem Leben, soweit wir es bis dahin kenngelernt haben.
Die Innere Astrologie zeigt, wie man bereits während des irdischen Daseins den Prozeß des Loslassens von dieser Dimension erlebt und sich damit für das, was auf jeden von uns wartet, für das »Jenseits«, vorbereitet.
Diese Transformation vom irdischen zum jenseitigen Sein ist eine der beiden größten Herausforderungen des menschlichen Lebens. Die andere besteht darin, jetzt und hier ein erfülltes und sinnvolles Leben zu führen. Beide Aufgaben treffen sich dort, wo Einsicht und Kraft für die Verwirklichung von Sinn aus der Öffnung des zeitlichen Menschen für die Überzeitlichkeit Gottes erwächst.
Innere Astrologie bedeutet auch, mit eigenen Augen zu erfahren, auf welche Weise im Mikrokosmos Mensch der Makrokosmos Schöpfung buchstäblich enthalten ist. Die Anleitung eines kompetenten Meisters ist dabei eine unschätzbare Hilfe. Sie kommt der Erfüllung bzw. Überwindung der durch das Geburtshoroskop angezeigten karmischen Bindungen gleich. Für mich wäre eine äußere Astrologie ohne das – wenn auch noch recht begrenzte – Wissen um die Innere Astrologie gar nicht denkbar. Deshalb lade ich die Leserinnen und Leser gern ein, sich über diesen (kostenlosen) Weg weiter zu informieren – Sie finden Kontaktadressen im Anhang. Pluto mahnt uns, daran zu denken und uns ent-

sprechend vorzubereiten, daß wir alle eines Tages in eine andere Dimension wechseln werden. Und was hätte Astrologie für einen Wert, wenn sie sich nicht auch den wirklich existenziellen Fragen widmete?

»Du hast das unschätzbare Vorrecht,
den Schöpfer aller Dinge zum Freund zu haben.
Mögen deine Tage lang oder kurz,
von Erfolg verklärt oder von Sorge verdüstert sein,
es ist deine einzige Aufgabe,
Gott zu lieben und für ihn zu arbeiten.«

»Vollkommene Gesundheit,
absolute Freiheit,
unbeschränkter Reichtum,
das alles ist nicht genug.
Nur Gott kann die Seele erfüllen."

Aus »Gott ist dein Freund«, Daniel Considine SJ, Ars Sacra, München 1964.

Die Astrodata-Horoskopkarten:
Das psychologisch-astrologische Erkenntnisspiel

Der Autor hat in Zusammenarbeit mit der Astrologin Monica Kissling und dem Astrodata Verlag Horoskopkarten entwickelt. Sie eignen sich zum Auslegen und Erkennen des eigenen Horoskops, zur fundierten Interpretation auf einen Blick, zum Erlernen der Grundlagen der psychologischen Astrologie und zur Anwendung als Orakel wie Tarotkarten. Mit Karten zu den 12 Tierkreiszeichen, 12 Häusern, Sonne, Mond, Planeten, den Mondknoten, der MC/IC-Achse und mit 2 Blankokarten zur persönlichen Ergänzung.

»Pluto«, Laurel Lowell; ein wunderbares Schatzkästlein voller Hinweise und Impulse, geschrieben von der Tochter des Pluto-Entdeckers Percival Lowell; AFA Publications, P.O. Box 22040, Tempe, AT 85282, USA, 1979

»Astrology of Inner Space«, Carl Payne Tobey; eines der erfrischendsten, undogmatischsten und erhellendsten Astrologiebücher, die ich kenne, leider inzwischen vergriffen (vielleicht gelingt mir eine deutsche Ausgabe); Omen Press, Tucson, AZ, USA, 1973

»The Handbook for the Humanistic Astrologer«, Michael R. Meyer; ein bedeutender Schüler von Dane Rudhyar gibt in diesem Buch eine deutliche Einordnung humanistischer Entsprechungen zu den Elementen der Astrologie; Anchor Books, Doubleday, Garden City, NY, USA, 1974

»Planets – The Astrological Tools«; hrsg. von Joan McEvers; Kapitel über Pluto von Joan Negus; ein heterogenes Buch, das eine interessante Fundgrube von Gedanken zehn amerikanischer Astrologen/Astrologinnen darstellt; Llewellyn Publications, St. Paul, MN, USA, 1989

»Das Grundwissen der Astrologie«, Bernd A. Mertz; Grundlagenwerk vom deutschen Altmeister der Astrologie; Heyne TB 08/9447

»Das Horoskop – Seine Deutung und Bedeutung«, Bernd A. Mertz; ein Kombinationslehrbuch ohne billige Rezepte, sondern mit Beispielen, um das astrologische Verstehen zu entwickeln und zu schulen; Ebertin Verlag, Freiburg/Brsg.

»Astrologie der Persönlichkeit«, Dane Rudhyar; umfassende Darstellung astrologischer Konzepte; Heyne TB 08/9603

Die Heyne Planetenbücher von Wulfing von Rohr;

»Merkur – der Geldplanet: Die Kraft des Verstandes und der Kommunikation«; Heyne TB 14/300

»Venus – der Liebesplanet: Die Kraft der Harmonie und der Kunst«; Heyne TB 14/301

»Mars – der Energieplanet: Die Kraft des Willens und des Triebes«, Heyne TB 14/302

»Jupiter – der Glücksplanet: Die Kraft der Entfaltung und des Sinns«; Heyne TB 14/303

»Saturn – Die Kraft der Konzentration und Grenzsetzung«; Heyne TB 14/304

»Die Mondknoten – Schicksalspunkte: Alte Karmalast und neue Lebensaufgabe«; Heyne TB 14/305

Diese 1993 erschienenen Bücher enthalten alle eine ausführliche Einführung in die Grundlagen der Astrologie sowie sehr detaillierte Literaturhinweise.

1994 erscheint die zweite Staffel dieser Reihe:

»Sonne – Der Lebensplanet: Die Kraft des Bewußtseins und der Schöpfung«; Heyne TB 14/306

»Mond – Der Gefühlsplanet: Die Kraft der Seele und des Träumens«; Heyne TB 14/307

»Uranus – Der Veränderungsplanet: Die Kraft des Neuen und der Intuition«; Heyne TB 14/308

»Neptun – Der Verschmelzungsplanet: Die Kraft der Einfühlung und der Mystik«, Heyne TB 14/309

»Pluto – Der Machtplanet: Die Kraft der Transformation und Magie«, Heyne TB 14/310

Die Bücher über Sonne und Pluto enthalten einen Fixsternkalender; alle fünf eine Tabelle zur Berechnung des Sonnenstands und eine Aufteilung der zwölf Tierkreiszeichen in drei Dekaden und zwölf Unterbereiche.

Einige Bücher des Autors zu anderen Themen:

»Nostradamus – Seher, Astrologe«, ein kritisches Quellenbuch, Ariston Verlag Genf–München, Frühjahr 1994

»Es steht geschrieben ... Ist das Leben Zufall oder Schicksal, Karma oder Chaos?«, ein Buch über Wege zum Sinn, Ariston Verlag Genf–München, Herbst 1994

»Meditation – Die Kraft aus der Mitte: Ein Handbuch für die Übungspraxis mit den wichtigsten Methoden«, Goldmann Verlag München, TB 12138, 2. Aufl. 1993

»Meditation – Neue Lebenskraft aus der Mitte«, 2 Übungskassetten mit Anleitung und Musik, nur noch über WRAGE Hamburg erhältlich

»Magisch Reisen Indien – Ein spiritueller Reiseführer«, Goldmann Verlag München, 1991

»Orte der Kraft – Kräfte des Lebens«: ein Video-Gespräch mit dem Meditationsmeister Rajinder Singh, u.a. über die »inneren Sterne«, auf englisch, mit deutscher Broschüre; nur erhältlich über die Adressen zum Stichwort »Innere Astrologie«; man kann auch nur die Broschüre mit dem deutschen Text bestellen.

»Tarot der Frauen«, Heyne Verlag München 1994, mit Gayan S. Winter

»Tarot der Liebe«: Die erste positive, dynamische und moderne Tarot-Interpretation ohne okkulten oder mittelalterlichen Ballast, Ariston Verlag Genf–München, geb., 2. Aufl. 1989, mit Gayan S. Winter; demnächst als TB im Heyne Verlag München

Von Claude Weiss und Wulfing von Rohr sind zwei Astrologie-Lehrvideos erschienen im Video-Programm des Bauer Verlags Freiburg. Erhältlich im Fachbuchhandel oder direkt bei Astrodata, Albisriederstr. 232, CH 8047 Zürich. Siehe auch Bestellkarte weiter hinten.

Astrologie-Kurse
Besonders empfehlen möchte ich Kurse von Bernd A. Mertz, zum Beispiel bei der Sauter-Organisation auf dem Stoos in der Schweiz, bei ROTA in Düsseldorf sowie im eigenen Frankfurter Institut. Kontaktadressen:
Sauter, Hauptstr. 110, CH-289 Kreuzlingen, Tel. (072) 721573, Fax 722709; ROTA, Eckener Weg 3, D-0764 Langenfeld, Tel. (02173) 73535, Fax 82534; B. A. Mertz, Altheimstr. 5, D-60431 Frankfurt, Tel. (069) 513322.
Ich selbst halte ebenfalls gelegentlich Astrologie-Kurse sowie Meditationsseminare und würde mich freuen, Sie persönlich begrüßen und im Rahmen meiner Möglichkeiten Ihre Themen und Fragen besprechen zu können. Infos zu Astrologiekursen über WRAGE Hamburg, Schlüterstr. 4, D-20146 Hamburg, Tel. (040) 455240, Fax 442469; Posivita, Rotbuchstr. 16, CH-8033 Zürich 6, Tel. (01) 3623040, Fax 3623039; Infos über Meditationsseminare bei ROTA, siehe oben.

Innere Astrologie
Informationen über (kostenlose) Meditationskurse mit dem inneren Licht und Ton über Deutschland: Helga Kammerl, Jägerberg 21, D-82335 Berg, Tel. (08151) 50449, Fax 51038; Österreich: Herbert Wasenegger, Mautner Markhofgasse, 13–15/V/3, A-1110 Wien; Schweiz: Angela Seiler, Tödistraße 20, CH-8002 Zürich, Tel. (01) 2022372; USA: Science of Spirituality Center, 4S175 Naperville Road, Naperville, Ill. 60563; Tel. (708) 955-1200; Indien: Kirpal Ashram, 2 Canal Road, Vijay Nagar, Delhi, India 110009.

Astrologische Beratung

Scheuen Sie sich nicht, vor einer Beratung genau zu erfragen,

- was das Leistungsangebot ist,
- wie lange die persönliche Besprechung dauert,
- ob es mehr um Ereignisse, mehr um psychologische Themen, mehr um Lebensaufgaben oder um alles geht,
- was die Beratung kostet,
- ob Sie auch nachher noch gelegentlich Fragen telefonisch stellen können.

Und überlegen Sie, ob Lebenserfahrung und menschlicher Hintergrund, astrologische Richtung und spirituelle Bewußtseinsentwicklung des Beraters Ihre Erwartungen bzw. Ansprüche erfüllt. Ein guter Astrologe/eine gute Astrologin wird keine sachliche Frage übelnehmen, und bereitwillig den eigenen Beratungsansatz erklären. Bedenken Sie beim Honorar, daß der Astrologe meistens intensiv vorarbeiten muß.

In Deutschland empfehle ich Bernd A. Mertz, Altheimstr. 5, D-60431 Frankfurt/Main, Tel. (069) 513322; in der Schweiz Monica Kissling, Impuls-Beratung Zürich, Tel. (01) 2810464, Fax 2813464.

Ich selbst nehme auch gelegentlich Beratungsaufträge an; entweder im Zusammenhang mit meinen Seminaren in Europa oder an meinem Wohnort in Santa Fe: Tel (001) (505) 988-3677, Fax 986-0235.

Astrologische Dienstleistungen

Bestellformular für Astrologie-Videos, Astrodata-Horoskopkarten sowie für Astro-Ausrechnungsdienste

... Ex. ASTRODATA-Horoskopkarten à DM/sfr 39,80
72 Lern- und Spielkarten, 12 davon vierfarbig

... Ex. Persönliche Jahresvorschau à DM 65,–/sfr 55,–
ab Monat/Jahr .../...

... Ex. Persönlicher Astro-Kalender à DM 110,–/sfr 95,–
Individuell gedeutete Vorschau für jeden Tag –
als Ringbuch oder als Tischmodell (ankreuzen)

... Ex. Große Persönlichkeitsanalyse à DM 82,–/sfr 70,–
Standardhoroskopanalyse mit Horoskopzeichnung
(ohne Zeichnung DM 70,–/sfr 60,–; bitte ankreuzen)

... Partnerschaftsanalyse (ohne Zeichnung) DM 60,–/sfr 50,–
Bitte geben Sie unbedingt beide Geburtsdaten an sowie
Ihren Begegnungsort oder gemeinsamen Wohnort!

... Ex. Astrologie-Videolehrgang mit Claude Weiss, I und II,
jeweils DM/sfr 68,–

Zwischensumme DM ________ /sfr ________

zuzüglich Porto und Versand DM/sfr 5,–
bei Bestellungen unter DM/sfr 200 ________________

Gesamtsumme DM/sfr ________________

Geburtsdaten für Person 1

Name, Vorname ....

Geburtsdatum, Geburtszeit ....

Geburtsort, Geburtsland ....
Männlich
Weiblich (bitte ankreuzen)

Geburtsdaten für Person 2 (für Partnerschaftsanalyse und/oder bei Mehrfach-Bestellungen)

Name, Vorname ....

Geburtsdatum, Geburtszeit ....

Geburtsort, Geburtsland ....
Männlich
Weiblich (bitte ankreuzen)
Bei Ortschaften unter 5000 Einwohnern bitte auch nächstgrößere Stadt mitangeben. Danke sehr.

Schneiden Sie dieses Formular heraus oder machen Sie eine Fotokopie. Senden Sie Ihre Bestellung mit einem Euro-Scheck mit Sckeckkartennummer als Brief ab. Schicken Sie alles entweder an

- Astrodata AG, Albisriederstr. 232, CH-8047 Zürich oder an
- Wrage Buchhandlung, Schlüterstr. 4, D-20146 Hamburg

Sie können den Gesamtbetrag auch auf das jeweilige Postscheckkonto einzahlen und den Einzahlungsbeleg mit diesem Bestellformular einsenden.

Postscheckkonto ASTRODATA: Postgiroamt Karlsruhe 14020-758 Deutsche Bank Weil am Rhein, BLZ 68370034, für ASTRODATA-Konto 0794.834.
Postscheckkonto WRAGE; Postgiroamt Hamburg, BLZ 20010020, Konto WRAGE 114328-200

Vergessen Sie nicht, die Adresse anzugeben, an welche Ihre Bestellung versandt werden soll!
Die Lieferzeit beträgt 1 bis 2 Wochen. Lieferungen von Astrodaten in die Schweiz gegen Rechnung; Zahlung innert 30 Tagen.